作者简介

毛　坤（1899—1960）四川宜宾人。图书馆学家、档案学家。1920年四川省立师范学校毕业，因品学兼优留附属小学任教数年。为求深造，先后考入北京大学哲学系和华中大学文华图书科学习，两校毕业后留文华图书科（武昌文华图书馆学专科学校），历任助教、讲师、副教授、教授兼教务长和校刊总编辑。1947年应聘任四川大学教授兼图书馆馆长，1950年和1956年两度遴选为四川大学校务委员会委员。

在长期教学和工作实践中，先后完成著述80余种，涉及图书馆学理论、图书馆事业、西洋图书馆史、中西目录学、编目法、分类法、档案经营、档案行政等多个领域。1940年在重庆，武昌文华图书馆学专科学校设立档案管理专科，毛坤兼首任科主任，开创了我国现代档案学教育之先河，被誉为中国“图书馆学巨擘，档案学权威”。

武汉大学
百年名典

档案经营法

毛坤 著

武汉大学出版社
WUHAN UNIVERSITY PRESS

图书在版编目(CIP)数据

档案经营法/毛坤著.—武汉：武汉大学出版社,2013.10
武汉大学百年名典
ISBN 978-7-307-11535-4

Ⅰ.档…　Ⅱ.毛…　Ⅲ.档案工作—文集　Ⅳ.G275-53

中国版本图书馆 CIP 数据核字(2013)第 210264 号

责任编辑:胡程立　　责任校对:黄添生　　版式设计:马　佳

出版发行:**武汉大学出版社**　(430072　武昌　珞珈山)
(电子邮件:cbs22@whu.edu.cn　网址:www.wdp.com.cn)
印刷:武汉中远印务有限公司
开本:720×1000　1/16　印张:11.75　字数:155 千字　插页:4
版次:2013 年 10 月第 1 版　　2013 年 10 月第 1 次印刷
ISBN 978-7-307-11535-4　　定价:35.00 元

《武汉大学百年名典》出版前言

百年武汉大学，走过的是学术传承、学术发展和学术创新的辉煌路程；世纪珞珈山水，承沐的是学者大师们学术风范、学术精神和学术风格的润泽。在武汉大学发展的不同年代，一批批著名学者和学术大师在这里辛勤耕耘，教书育人，著书立说。他们在学术上精品、上品纷呈，有的在继承传统中开创新论，有的集众家之说而独成一派，也有的学贯中西而独领风骚，还有的因顺应时代发展潮流而开学术学科先河。所有这些，构成了武汉大学百年学府最深厚、最深刻的学术底蕴。

武汉大学历年累积的学术精品、上品，不仅凸现了武汉大学“自强、弘毅、求是、拓新”的学术风格和学术风范，而且也丰富了武汉大学“自强、弘毅、求是、拓新”的学术气派和学术精神；不仅深刻反映了武汉大学有过的人文社会科学和自然科学的辉煌的学术成就，而且也从多方面映现了20世纪中国人文社会科学和自然科学发展的最具代表性的学术成就。高等学府，自当以学者为敬，以学术为尊，以学风为重；自当在尊重不同学术成就中增进学术繁荣，在包容不同学术观点中提升学术品质。为此，我们纵览武汉大学百年学术源流，取其上品，掬其精华，结集出版，是为《武汉大学百年名典》。

“根深叶茂，实大声洪。山高水长，流风甚美。”这是董必武同志1963年11月为武汉大学校庆题写的诗句，长期以来为武汉大学师生传颂。我们以此诗句为《武汉大学百年名典》的封面题词，实是希望武汉大学留存的那些泽被当时、惠及后人的学术精品、上品，能在现时代得到更为广泛的发扬和传承；实是希望《武汉大学百年名典》这一恢宏的出版工程，能为中华优秀文化的积累和当代中国学术的繁荣有所建树。

《武汉大学百年名典》编审委员会

出 版 说 明

本书据毛坤先生为文华图书馆学专科学校讲授档案经营法课程而编写的讲义手稿整理而来，此次收入《武汉大学百年名典》出版，以资纪念。

武汉大学出版社
2013 年 10 月

序

一、毛坤先生及《档案经营法》简介

毛坤先生(1899.9.22—1960.6.1)，字体六，四川宜宾人，我国著名图书馆学家和档案学家。1926年北京大学哲学系三年级肄业，考入私立武昌文华图书馆学专科学校(简称文华图专)，1928年毕业后留校任教。后在校长沈祖荣支持下，重回北京大学继续攻读哲学专业，1929年获得文学学士学位，返文华图专工作至1947年。毛坤曾担任过《文华图书馆学专科学校季刊》顾问、文华图专编纂委员会书记、教务长等职务，讲授过中国目录学、中国图书馆史、中文参考书举要、档案经营法、档案行政学等十余种课程，还曾经担任中华图书馆协会理事。1947年后，受聘为四川大学教授兼图书馆馆长，1950年被遴选为四川大学校务委员。

毛坤先生将自己大部分的岁月献给了文华图专，身担重任，与学校甘苦与共，为这所图书馆学教育重镇作出了杰出贡献，同时也对文华图专开创我国档案学专门教育起到了重要的推动作用。文华图专于1934年首开档案管理法课程，毛坤担任了中文部分的讲授。1939年文华图专向教育部申请开设档案管理科，就是出于毛坤的极力倡导①。

《档案经营法》(又名《档案经营法概要》)是毛坤先生为在文华图专讲授档案学课程而编写的讲义，影响深远。今武汉大学出版社为迎

① 沈宝环. 序一[M]//梁建洲，廖洛纲，梁鳣如编. 毛坤图书馆学档案学文选. 成都：四川大学出版社，2000：1—8.

接武汉大学120周年校庆，将该书选入“百年名典”系列丛书之中。

1. 毛坤和《档案经营法》的相关研究

从现有资料来看，对毛坤先生的研究始于1989年的《毛坤先生传略》①，1995年以后逐渐升温，从“鲜为人知”②逐渐为人所认识。他的卓著贡献逐渐为学者所关注，出现对他的学术生涯和思想的探寻和总结。2000年《毛坤图书馆学档案学文选》③出版，其学术成果更多地被探讨和引用。随着2009年“纪念著名图书馆学家和档案学家毛坤先生诞辰110周年暨图书馆学和档案学史学术研讨会”的召开和2010年武汉大学信息管理学院90周年院庆系列活动的开展，对毛坤先生的研究成果数量猛增。研讨会后出版的《毛坤先生纪念文集》④收录《怀念老同学毛坤同志》等相关回忆录、《毛坤先生图书馆学档案学思想研究》等论文和年谱共29篇，2013年4月“中国知网”数据库收录和毛坤相关的论文和报道近30篇。

《档案经营法》一书及相关课程被50余种论文所引用，虽未正式出版，而引用次数却不亚于民国档案研究的“十三本旧著”⑤。引用《档案经营法》的研究成果主要集中在：对毛坤先生的研究，《档案经营法》是其重要的学术成就之一；对文华图专的研究，该书是相关课程的讲义；对于中国档案学教育史的研究，因档案管理法课程在全国为首创，而使其在档案学教育史上占有一席之地。

2. 出版因由

尽管《档案经营法》声名卓著，但大多数提及该书的研究成果并

---

① 麦群忠，毛相骞. 毛坤先生传略[J]. 图书馆界，1989(1)：65—66.

② 伊闟. 一位鲜为人知的档案学专家——记四川近现代文化名人毛坤[J]. 四川档案，1991(01).

③ 梁建洲，廖洛纲，梁鳣如编. 毛坤图书馆学档案学文选[M]. 成都：四川大学出版社，2000.

④ 党跃武，姚乐野主编. 毛坤先生纪念文集[M]. 成都：四川大学出版社，2010.

⑤ 俗称档案学的“十三经”，是1958年中国人民大学历史档案系整理再版的十三种民国著作，又称“十三本旧著”。

未对其进行深入探讨，只是蜻蜓点水一掠而过。学者们一面喟叹着这部讲义的难得一见，一面对其价值啧啧称赞。如“该讲义现已散失，无从窥其全貌，然从1935年发表的《档案序说》一文所述目录中可知其内容相当广泛而完备”①。

这种评价的得出基于两方面原因。一方面，由于这部里程碑式的课程讲义只是在1935年②作为文华图专教学之用而油印少量，所以目前其油印本难觅其踪。除四川大学档案馆和武汉大学信息管理学院资料室保存其手稿原件或复印件外，在CALIS、CADAL数据库和国家图书馆馆藏目录中都未得见，研究者难以一睹真容。另一方面，《档案经营法》部分内容公开发表，成为学者评价该书的依据。《档案经营法》中《通论篇》的主要内容以《档案序说》为名在《文华图专季刊》上发表(1935年)，文末附有拟定全书篇章的纲要。1936年该书《公文章》及后文的精要部分被择出，以《档案处理中之重要问题》为题，在《中华图书馆协会会报》上发表。学者们认为“从这两篇文章可以看到三十年代档案管理课程讲授的内容比较全面丰富，新颖、精辟的论点甚多，充分反映了三十年代档案管理学的学术水平”③。这两篇重要论文中，阐释了“尊重档案群”原则的含义、作用和具体做法，列举了档案的各种分类编目方法，构建了档案行政组织系统，并率先提出了建立全国档案管理体系的设想。这些都是毛坤档案学思想中的重要方面，也对档案学理论与实践的发展产生了重要影响。在人们心目中这两篇文章成为了全书内容的代表，然而根据篇幅有限的两篇论文来评价整部《档案经营法》难免有遗珠之憾。

在此背景下，整理出版《档案经营法》有助于展现该书的全貌，使学者更深入全面了解毛坤先生学术和教育思想，有利于研究文华图

① 赵艳梅．毛坤对我国档案事业的贡献[J]．兰台世界，2010(03)：24.

② 梁建洲．毛坤在图书馆学及档案学上的卓越贡献(附著作目录)[J]．图书馆学研究，1995(04)：77—83.

③ 曾诚桂．《毛坤图书馆学档案学文选》的启迪[J]．四川档案，2001(3)：34—35.

专课程设置与演变，对其在档案学教育发展史上进行科学定位。

二、《档案经营法》手稿面貌

《档案经营法》作为武汉大学出版社“百年名典”系列丛书的一种整理出版，所依据的是毛坤先生亲手所写的文稿。由于手稿前后形式和内容有着各自的特点，部分特征在成书中难以体现，故在此对其原始面貌进行描述，使读者藉由以下粗浅的文字，获得对该书更全面的认识。

1. 装帧形式

《档案经营法》手稿的装订方式为中国传统的包背装，而从整体装帧、封面、内页特征等方面都体现出该手稿的增补修订。

从外部形态来看，全书320页左右，高27.5cm，宽20cm。以浅棕色牛皮纸包背，书衣上以白纸贴书签，略有破损。上以行楷书大字“档案经营法”，下右双行小字书“有北京排印本，武昌及重庆油印本”，左以行书体签名“毛坤”。

这里提到的北京排印本，据毛坤先生之子毛相骞先生考证，或指《档案管理中之重要问题》为北京的培训班而单出另行铅印。在武昌和重庆出油印本和文华图专办学情况吻合。文华图专1920—1938年在武昌昙华林办学，1938—1947年因战西迁重庆继续办学。从1934年至1947年设有档案经营法及相关课程，其间毛坤先生一直在校担任教职。从这里列出这两种油印本可以推断，该手稿的使用延续到了1938年后(西迁办学期间)。

《档案经营法》讲义手稿内页纸张分为三种：第一种为红格稿纸，纸色淡黄，印有红色扁方格，半页15行，每行30格，每格为1.0cm×0.8cm，无鱼尾；第二种为白纸，纸质稍硬，或因年代久远而色泽偏黄；第三种为红栏稿纸，朱丝栏，单鱼尾，半页10行，行宽1.2cm，每行约20字不等，纸质并非传统宣纸，或为国产洋纸①。

文稿开头使用第一种红格稿纸，共80余页，中间附有插图或表

① 国产洋纸的使用，是毛坤先生在本书中提倡的。

格，有直接在稿纸上绘制或另用薄白纸贴上。最初每页版心位置手书“档案经营法概要”、“通论章”等书名、篇章名，页码及“武昌文华图书馆学专科学校讲义”等字样，栏线右边装入书脑处有墨字“第×篇”。其页码标记，以整张纸计，即折叠后之两面为一页而计数。页码至“通论章”结束后，“公文章”第一页后开始不记数。其后用白纸20余页。再插入一蓝色布面，有“档案与官书”大字直接竖题于偏左上位置，无书签，其后有一白色衬纸。第三部分多使用红栏稿纸，仅在230页左右插入红格稿纸十数页。

2. 书写特点

从文稿的书写上看，以所用稿纸不同而各有特点。第一种红格稿纸对文字大小已然限定，中文为楷书，英文为手写体，多连笔，横纸而写，即文字方向与装订线方向平行，字顶端朝右。所用标点有于书写文字时写成，也有后来加上。书写文字时所用符号以句号为多，后加句号、逗号、冒号等。少数用阿拉伯数字和英文标明序号。其中三分之一在天头上批注。多有墨圈，有标于一段开头，表示章节开头；有标于文字右侧，表示强调。有墨抹于文字右侧，标明篇章标题。其中批注多将文中章节名称或要点提出，部分加以序号，明确层级，也有标注外来概念的原文。其中增删改换，均用墨笔行于文字之间，大段文字题于天头。

第二种白纸，全无行格，文字排列相对自由。所书汉字多用毛笔所写，间有钢笔和铅笔笔迹。大部分为0.5cm×0.4cm大小楷体，全部横向密写，一行可容三四十字，仅有一页竖写(其内容相对独立)。中英文混排，使用英文系统标点符号，多用罗马字母、英文字母和空格方式标明文字层级。基本无批注和修改，稍见补入英文单词。部分英文内容用铅笔或钢笔补入。

第三种红栏稿纸中，文字大小约为一厘米见方，有楷书及行楷，英文长者横纸而写，短者直接横写于中文下方，即与中文书写方向垂直。当少量中文夹于英文之间时，中文依照英文书写方向。稍有批注，修改处甚多，所用标点类似于第一种红格稿纸，标点符号及序号使用类似于红格稿纸后半部，也有铅笔写成内容和批注。

这三种纸张在纸质和形式上有着明显的差异，而且前后分界明晰，混用的情况非常少。三者不但在外观面貌上表现出差异，而且在内容上也呈现不同特征。

3. 内容特征

从《档案经营法》手稿内容可以看出，全书经历了比较长的编写时间。全篇内容布局在撰写过程中出现了较大调整，具体内容表现出往复增删修改。

(1)红格稿纸部分

红格稿纸部分的写作时间相对比较明确，从内容材料推断应在1934—1935年之间完成。时间的定位可以从文稿开头的落款、相关文字发表时间、举例所用时间和文中引文分布等因素推断。

这一部分内容是《档案经营法》全书的开头，包括《弁言》、《通论章》、《公文章》，另有插入到第三部分的《中国官书》。

文稿中《通论章》原题“档案经营法概要”、“通论章”，后用细线勾去“经营法概要”及“通论章”几字，替之以“序说”。第一列下，有“甲戌秋宜宾毛坤体六初稿”，亦被勾去数字，仅留“毛坤”之名。这处修改应是在《档案序说》发表时所生成。甲戌年正是1934年档案管理法中英文课程在文华图专始设之时，毛坤先生是该项课程中文部分的讲授者。刊有《档案序说》的《文华图书馆学专科学校季刊》第七卷第一期上出版时间为1935年3月。在《通论章》末尾，毛坤先生列出了档案经营法教材所应囊括的几个部分，为：

通论章　论述档案之意义、性质、功用及中外档案之大概情形等事。

函件章　论述立排法及如何应用于一切机关企业文件之排比等事。

公文章　论述国内各机关现行之新旧各种管档方法，及今后吾人应如何规定收发、分类、编目、储藏、出纳方法等事。

旧档章　论述陈旧档案之接收、保管、清查、排比、修补、抄印、展览等事。

官书章　论述官书之获得、分类、编目、收藏等事。

馆务章　论述档案馆之建筑、设备、用具、组织、人员等事。

检字章　论述中国检字法及如何适用档案本身及索引之排列等事。

索引章　论述档案索引之选目成条、编序等事。

其中于《函件章》天头注“序列”二字；在《公文章》上方用双层同心圆，并天头注“先编先讲此章”，紧接《通论章》的内容是《公文章》。这部分内容因发表时间较早，多为学者引用，并以此提纲作为《档案经营法》一书的内容概括。从后文内容看来，这仅是作者的最初构想，在其思想发展过程中作了较大的调整，只有部分内容最终完成定稿，如《公文章》。

《公文章》在标题下方也有落款“甲戌秋宜宾毛坤体六初稿”。其内容中举例多用“民国二十三年”即 1934 年，在本章出现了 6 次。如：“民国二十三年以前已共有十三万八千号，则二十三年某月之首或末作 138000 + 1800 = 139800，则从前之总收发号码亦不难知悉。”被毛坤先生视为生平重要著作①的《档案处理中之重要问题》原载于 1936 年 9 月《图书馆学季刊》(第十卷第三期)，其中多有对《公文篇》的借鉴之处，且发表文字更为浅白，可知该部分文稿在此之前写成。

(2)白纸部分

以白纸为书写材料的部分，内容相对零散，多数以篇为单位，自成体系。内容上没有明确表述写作时间，根据内容分析推断，该部分写于 1934—1938 年之间。

其内容从篇幅上看，主要包括三大部分。其一为《档案经营法讲授大纲》，异于《通论章》末所列，上有蓝黑墨水钢笔字修改字迹。其后收录了程长源《县政府档案管理法》(1936 年商务印书馆出版)第十

---

① 罗中枢. 弘扬校友精神，建设四川大学[M]//党跃武，姚乐野主编. 毛坤先生纪念文集. 成都：四川大学出版社，2010：1—5.

二章中论整理的方法及步骤。该页下有英国档案馆的介绍，未完。其二为《明清档案专号》，收录民国二十三年(1934 年)五月社会调查所出版的《中国近代经济史研究集刊》中处理明清旧档案的材料。其三为翻译《档管理论》一书的附录——《英国公私档及行政区分大纲》，后有相关专有名字在《商务韦氏大学词典》中的释义，亦将词义译为中文。以下有《公文之名称及沿革》记中国从战国至民国公文的名称，后为《上海市博物馆征集陈列品办法》(竖写)等篇。

各篇之内，除对英国档案馆的介绍没有全部完成外，其他各部分内容结构较为完整。从来源上看，除讲义提纲为作者撰写外，多数采摭中外著作，翻译编写而成。从所引用文献的时间来看，《上海市博物馆征集陈列品办法》为 1935 年所公布，程长源的《县政府档案管理法》为商务印书馆在 1936 年出版，所以该部分内容在 1934 年以后写成。

《档案经营法讲授大纲》拟作“上篇概论，中篇分论，下篇附论”，上篇列有详细提纲，分为：档案之字义、档案之范围、档案之特性、档案之功用、中国档案之大概情形、西洋档案之大概情形、管理中之各项问题之提示等七个部分。之前的《通论章》有六部分，分为档案之名称性质及其意义、档案之目的及功用、档案保管人与档案保管机关、中国过去档案之大概情形、西洋档案之大概情形和档案经营法之内容等。二者有类似之处亦有相异处。其后有“分论(以现行公文之管理为例)”字样，而下文未见。

在《英国公私档及行政区分大纲》后，《商务韦氏大学词典》中名词释义上方，有一段铅笔所写关于博物馆收藏范围和美国博物馆的英文，旁以毛笔竖题一五绝，名为《汪应文先生找房歌》：“未去眉先皱，归来心更灰。为寻居住处，重庆日徘徊。”

题中的汪应文先生，1935 年在文华图专毕业留校，担任教员，1941 年起担任文华图专训导处主任。诗中点明重庆，正是抗日战争爆发后文华图专西迁后校址所在地。在 1938 年全校迁渝之前，校长沈祖荣、教务长汪长炳和教授毛坤三人先抵重庆筹划，最后借得曾家岩求精中学校舍。当时毛坤先生已经深深体会找房之艰辛。此后，文华图专又因轰炸，1941 年迁校重庆江北廖家花园。从廖家花园教师宿舍安排来看，汪应文当时家中人口较多，而在求精中学时期，因文华图专与南京金陵大学、汇文女中和教育部电化人员训练班等校共用校园，房屋不敷使用，仅能安排学生宿舍和教室等，汪应文此时留校时间尚短，未能得到住房安排也是情理之中。故小诗所述时间约为 1938 年前后。这部分文稿中最晚的中文引文为 1936 年，故该诗或为修订时所题。

(3)红栏稿纸部分

红栏稿纸部分以蓝色布面所题“官书与档案”与前二者分隔开来。内容包括：官署案卷、小图书馆之利用官书、官档之分配、官档之功用、编制官档、各项官档之内容及其利用法等。其后又有：《大英百科全书》之述档案、塞叶斯氏之《分类法概论》之论档案之管理、现档管理法、管档小识、排档用品概说等。再有：清代管储档案之机关、清军机处档案、清升平署档案、中国官书、档案与官书之关系、官书著录要则等。其后再是：档案制度、地方档案之保存、档案中之问题、档案之保护、金肯生《档案管理法》内容概要、档案修补规则、移录档案文字之法则等，其后摘录若干相关论著，如《校雠通义》、《保存例案议》、《修正北平档案保管处章程》、《美国图书馆协会官书委员会 667 之工作》等。

这部分内容以小标题和空白为前后界限，每一大部分无编号，只在每部分以下再分小标题并编号。内容主要可以分为官书、现档和摘录他人著作三种。官书与现档的内容交替出现，摘录部分集中在文稿最后。篇幅上，官书部分多于本土旧档部分，其中比较重要的参考文献，如陶湘《故宫殿本书库现存目》(1933 年)、国立北平图书馆所出的《北京图书馆现藏中国政府出版品目录》(1928 年)和《现藏中国官书目录》(1932 年)等出版时间均在 1934 年以前。现档部分多为摘译西文，金肯生《档案管理法》的出版年为 1922 年，而塞叶斯氏之《分类法概论》为 1926 年出版，所译外文图书可考出版时间均在 1934 年以前。摘录文献中外兼有，最后几页手稿中有引用 1935 年 9 月 *Bulletins of ALA* 资料，并有“开战后不久，国防会议；1939 年 2 月，国防最高委员会"等字样。

这一部分引文的可考出版时间从1922年至1939年，且相对集中于1935年以前，其后引文数量较少。文华图专有文华公书林作为图书资料收集的后盾，非常重视图书档案方面书籍的采购，故毛坤先生可以利用到当时最新的专业图书，可见这部分内容集中写作于1935年前后，而递修至1939年后。

这部分红栏稿纸中，插入了红格稿纸所写的"中国官书"与"档案与官书之关系"两节。"中国官书"中引用了1935年出版的《四库大辞典》(杨家骆，南京中国图书大辞典编辑馆)。且红栏稿纸所写内容中，有一部分与前文红格稿纸所录内容重复，如清代管储档案之机关、清军机处档案、清升平署档案、《大英百科全书》之述档案等。其中标点类似，文字略有增删，此处更多记录文献出处，而前文则有插入新内容部分。此处文字较为随意，而红格稿纸所写则较为工整。

红栏稿纸所写内容的长时间跨度，与红格稿纸有内容大致相同的部分，以及笔迹、批注、留白等种种迹象表明：红栏稿纸所写部分内容很可能完成于前两部分之前，并且红格稿纸内容至少部分是以其为底稿写成的。

根据《档案经营法》手稿三个部分的装帧、书写和内容等特点，可以大致理出：文稿主体撰写于1935年前后，作者收集资料，摘录翻译，写成文稿后施以批注、修正，并在资料增加的基础上再加删改，这个过程至少延续至1939年；红格稿纸部分基本定稿于1935年以前，在出版时又加增订；白纸部分多为中期所收集的资料；红栏稿纸部分内容写作贯穿整个过程。

三、《档案经营法》整理方法

在《档案经营法》讲义文稿整理成书的过程中，以完整地表达原书意旨为第一要务，以期尽可能全面而清晰地再现毛坤先生当时的思想内容。由于这部手稿写作中的特殊性，在整理过程中遇到一些困难：文稿的写作中多有为辅助作者个人的记忆而随手书写的内容与符号，其他人辨认时未免力有不逮；由于原稿为一讲义而非一著作，故其编写以课堂讲授为目的，而不为文字出版写成，内容有缩减也有重复或冗余；在课程讲授过程中，毛坤先生不断对讲义进行修改，所以文稿体系结构一再调整，资料不断追加，没有统摄全文的体系。针对这些问题，整理小组进行了文字录入、框架分析、顺序调整和去除冗杂等工作，以便更清晰地展现全文。

本书整理校对所依据的是毛坤先生的手稿复印件和原件图片。该复印件现存于武汉大学信息管理学院资料室，可供借阅。其原件于2007年由毛坤先生的家人捐赠给其1947年后工作过的四川大学档案馆，曾在四川大学校史“展览厅”中展出①。在这次整理过程中毛坤先生的家人主动提供该手稿的复制品，以便校对武汉大学复印件中模糊和缺漏部分，并在校对整理中提供了诸多帮助。

整部书稿以手工方式录入。文字的录入和校对大致可分三个步骤：第一步，以文稿复印件(黑白)与原稿扫描件(彩色)为底本，将所有出现的字迹全部输入，并标记难以辨认的文字。同时以脚注等方式，对文字的特殊形式加以说明，如用铅笔或钢笔写成，或天头所注，或书于版心等；第二步，以原文稿校对，并辨识难认的字；第三步，以上下文和已发表的内容校对。在辨认文字的过程中，毛坤先生之子毛相骞先生和小组成员都付出了极大的努力，并且借助微博等工具在网上得到了一些帮助。文字录入过程中，对大部分文字保持不变，在第二、三两步中：有语序不同于今而仍可阅读的，保留原貌；文字叙述不同于已发表部分者，保留原貌；所引他人文献，文字或断句不同于原文者保留原貌。对其中一些文字加以改动，如：最后仍难以辨认的字，以□代替；所用异体字没有表达特殊含义的，改用现行通用字，如“麤”改为“粗”；所用自造缩略字符，补写完全，如，还原为“档案”二字；改正明显笔误。

经过文字录入，保留了原稿较为全面的信息。利用作者在天头所

① 物换星移文章在，流芳百世道德新——毛坤先生小传(1899—1960)[M]. 谭红，党跃武，姚乐野主编 . 毛坤先生纪念文集 . 成都：四川大学出版社，2010：67—81.

批注的章节提纲和正文中出现的《档案经营法讲义大纲》与文稿全文对照分析，归纳出全文内容并加以组织成为整理后的新框架。正文中由作者自己拟定的大纲以第一种《通论章》末尾所附和第二种白纸写《档案经营法讲授大纲》为详。根据作者原意和文稿现有内容，取第一提纲中所列通论章、公文章、官书章之名，分别为前三部分《通论篇》、《公文篇》和《官书篇》，依据相关内容列入各部。取第二提纲中所列“中篇分论(以现行公文之管理为例)”之意，并对应第一提纲中《旧档章》，依据内容中的标题“现档管理法”及其下内容提纲，归为第四部分《现档篇》。以第五部分设《要籍摘录》收作者摘出或翻译的他人著作，附录其后。

确定全书框架后，以相对完整的章节为单位，调整顺序，归入各篇。其中前两部分以红格稿纸所写的“通论章”与“公文章”为主，并加入后文追加资料和相关论述。其后两篇各自收集相关文字。自上而下调整各标题层级，并加以统一编号。文中所有图表，未加标题者均代为拟定。

经过以上程序，仍有部分枝节冗余。于是将原稿中的双行注，对上文加以解释者入于正文，用括号等加以区别。插入者归于脚注，表意不明处加以“编者注”。作者所加讲授或讲义写作思路，入脚注。原文本拟写作内容，如标注“本项档案举例另打粘”等，而后文未见者，将此类标注字样删去。作者随手记下，与前后文均无关者删去。整理过程中产生的意义不大的脚注删去。

在《档案经营法》手稿整理过程中，循着先人的笔迹，回溯历史光影之间沉淀的智慧，静穆中聆听时光之河上游那讲堂中的袅袅余音，未尝不是乐事。希望藉由整理小组的努力，能助这部手稿顺利正式出版，为相关研究者提供一些帮助。然而能力与时间所限，最后文稿难免存在舛讹，还望同好批评雅正。

《档案经营法》手稿整理小组

弁　言

档案管理之研究，我国目前颇感重要；但关于此方面足以供参考之材料极其缺乏。外国人所著关于档案之书较多，然与中国国情多不相合。今欲研究档案管理比较适当之方法，一方面宜采取外国方法之原理、原则，一方面宜调查国内各处档案管理之实际情形以出之。余于档案虽感觉浓厚之兴趣，但缺乏深切之研究，及长久之经验。此之所陈，不过在于收集此方面之材料而略加以说明而已。

目　录

图表目录索引

1　通论篇

甲戌秋　宜宾　毛坤体六初稿①

1.1　档案序说

1.1.1　档案之名称、性质及其意义

档，音党，亦音当。《玉篇》："木床也。"《类篇》谓："横木框，档。"框即档，乃所以安置门窗架格之属者也。案与桉，按均通。《说文》谓为"几属"。几案为人所凭之物，故引申转变为凡可以依据之物，亦称"案"。古书用案字者，多案治、案理、案察、案考、案验、案据连用。故案字有治理、察验、考据、依从等义。其详见《辞通》所引。"档案"连称，则以此种成案或例案，多庋于框档、木架之上也。杨宾《柳边纪略》谓："边外文字，多书于木，往来传递者曰牌子，以削木片若牌故也；存贮年久者曰档案、曰档子，以积累多，贯皮条挂壁若档故也。然今文字之书于纸者，亦呼为牌子、档子矣。"是也。官署案卷，清初称为档子，内阁设有汉档子房。例案，《中华大字典》谓："今称例案曰档案，以庋案卷于档得名。"《康熙字典》引《正字通》："凡官府兴除成例及狱讼论定者，皆曰案。"案牍，《辞源》："官中文书也。"公文，《辞源》："公文谓官员及官署之往复文书也，亦称公文书。"官书，《辞源》："官书，公文也。《周礼》掌官

---

① 甲戌年，即1934年。文华图书馆学专科学校于该年添设档案管理课程，编者注。

书以赞治，又公家所刊所藏之书。”吕祖谦《白鹿洞书院记》：“祖宗尊右儒术，分之官书，命之禄秩。”又今称公家所颁法令等曰官书，亦曰官文书。

西文相当于中文档案一意之词，亦有数词。①阿恺夫斯(archives)，《标准字典》释曰：“阿恺夫者，保藏档案文件之所也。尤指足以考证历史之公共文书。”并云与此词意义相近之词有：②年鉴(annuals)，年鉴者，每年之纪录也。③编年史(chronicles)，编年史者，以年月为纲，以事实为目，而系属于其下也。此两者之为书，皆缺乏特别某点选择及瞬前毖后之眼光。④史书(history)，史书者，选择分类各种史料，而以其关系重要为根据者也。阿恺夫斯，乃公共之记录，可以为年鉴，可以为编年史，可以为其他行事之记录。⑤言行录(memoirs)，言行录者，个人生活之记录也。⑥纪念品(memorials)，纪念品者，不仅录诸文字者，即其他实物，亦可包含在内。阿恺夫斯，可以包含法律之记录及簿册。⑦契据(muniments)，契据者，在法律上人可依据之以保证其权利者也。《韦氏字典》、《牛津字典》述阿恺夫斯之义与此略同。《大英百科全书》对于此词所述甚少，仅曰阿恺夫一词，通常多用其复数。阿恺夫斯而用以指储藏载记、宪章及其他文件之属于国家、社会、家族者之地方；然近日常用以指示载记、宪章等之自身矣。而档案之说明，乃在于载记(record)一词之下。《韦氏字典》释载记曰：“凡记录公共团体或官府某时代之官家文件，谓之载记。”《大英百科全书》及芮伊(Rye)氏之《伦敦图书馆指南》释此载记一字，皆引英国官档局(English Public Record Office)一八三八年《保存档案法规》中所规定之义，曰：“载记者，案卷(rolls)，记录(records)，令状(writs)，书籍(books)，议事录(proceedings)，法令(decrees)，法案单据(bills)，委任状(warrants)，闻见报告(accounts)，文件(papers)，及其他一切英国有公共性质(public nature)之打口门(documents)也。”打口门一词，《综合字典》译为官文书、公文等。《标准字典》释为：“官文书者，凡足以传达消息或证据之手稿或印刷品皆官文书也。如法律或政治档案是也。”《大英百科全书》释打口门曰：“严格言之，在法律中凡足以用为证据或证明之书写的或印刷品的物品，甚至碑文、牌记，凡可以阅读如图像、照片、印鉴等，皆可供打口门之用。广泛言之，此词乃用以表明凡书写或印刷之文件，足以供某种题材之消息或证据者是也。”普通称 public documents or government documents 为官文书或政府档案。

英人金肯生（Hilary Jenkinson）所著《档案管理法》（*A Manual of Archive Administration*，1922）乃专门研究档案管理之书。其解释档案则又较以上所述各说更为落实。彼以为欲明档案之意义，须先明档案之性质。何为档案，金氏以为档案有 record 及 archives 二词可用。

record 一词论其通义，过于广泛；论其专义，则又太专，常人不易了解。archives 一词，各国语言均喜引用，故今亦采用之。其本义乃指储藏公共文件或历史文件之地，其后乃引申为档案之本身者。揆其性质，约有以下诸义：①archives 者，即 documents 也，为官务中之一部分，而藏以待参考者也。②凡为一官务而制作之文件及应包含于一官务中之文件，皆档案也。譬如于报上剪下一与某项官务相关之纸片，而与该项官务文件置于一处者，日后亦是档案。③document 之定义：在无论何项材料上之所有写稿，所有以写字机器所作成之字体，及所有以机械式之铅字、木字、铜版等重新制成之字体，再加所有其他各项实体之证据，无论其包含于档案之字顺或数号中否，成为其一部分者，或为附件者，或极有理由可假定其为一部分或附件者，均是。④私人或团体所作成之集件，在其职守内之官务或事务档案中者。⑤文件用以保存于档案室中者。⑥置于无污点之档案室中者。要之档案之性质，第一是无偏无颇，第二是真实可靠。但档案室如被破坏时，须防其有伪赝。故档案必须在某种完善可信之档案管理系统中传下者方为可靠。经过私人及不完善之档案保管室收藏者，即有流弊①。最后金氏下档案之定义曰：“档案者，其作成乃为自己行政过程中之用，而随即保存于其自己之档案室中，为该项档案之负责人或

① 近阅《图书评论》，见缪凤林先生评王芸生氏之《中国六十年来与日本》中，有数函件，云不定可靠，盖即此种档案非出于正式及完善之档案保管处所传下也。

法定之继承人自己参考之材料者也(档案非为后人而作，非为历史而作)。”

由以上种种论说，对于档案有各种不同之观点，试分析言之：

自时间言，有以为凡一切公文案件，自收到以至于其存在之日，均为档案。有以为须一切公文案件，现已完全不用而移于他处以存储者，方谓之档案，如清军机处档案，内阁档案等是。吾人今自管理及实用之观点言之，主张前说。以后之讨论，皆以此为范围。

自空间言，有以为须政府机关之公文案件，方得谓之档案。有以为凡政府机关、公共团体、企业组合之公文函件，均可谓之档案。吾人今自管理及实用之观点言之，主张后说，以后之讨论，皆以此为范围。换言之，即吾人对于档案之范围无论自时间或空间言，皆取广泛之义也。

1.1.2 档案之目的及功用

徐旭生先生《保存例案议》①有云：“例案也叫作案卷，凡各衙门所藏的册籍、诉讼禀件、往来的公文全包括在里面……如果历史家真晓得搜集它、批评它、利用它，它那里面材料的丰富，纪录的翔实，远不是什么奏议档案、红本所能比拟的。”并且他举出四种重要的关系：第一与文字史的关系；第二与器物史的关系；第三与风俗史的关系；第四与经济史的关系。并云：“例案就是人民生活的反射，并且比较的为一种忠实的反射。如果专修庙堂史，则档案中史料好，欲求民间情况则例案好。”徐先生系将中央档案称为档案，其功用是可以为修全国史书，即所谓庙堂史之材料。地方档案，称为例案，其功用是可以为民间生活史之史料，总之不外“档案者，史料也”之见解。美国历史学会出版一书《地方档案之保存》，亦曰：“地方档案最关重要，以其确为人民实际生活之写照也。”义与此同。清章学诚《校雠通义·外篇》有《州县请立志科议》，其目的亦无非在于积数十年之久，则访能文学而通史裁者，笔削以为成书(志书)也。梁任公《中国历史

① 见《北京大学社会科学季刊》第二卷第三号。

研究法》有云："历代官署档案，汗牛充栋，其有关史迹者，千百中仅一二，而此一二或竟为他处所绝不能得。档案性质本极可厌，在平时固已束诸高阁，听其蠹朽。每经丧乱，辄荡无复存。旧史纪志两门，取材什九出档案。档案被采入者，则附其书以传；其被摈汰者，则永永消灭。而去取得当与否，则视乎其人之史识。其极贵重之史料，被史家轻轻一抹而宣告死刑以终古者，殆不知凡几也。二千年间，史料之罹此冤酷者，计复何限。往者不可追矣，其现存者之运命，亦危若朝露。吾三十年前在京师，曾从先辈借观总理衙门旧档钞本千余册，其中关于鸦片战役者便四五十册，他案称是。虽其中多极可笑之语，然一部分之事实含在焉，不可诬也。其中尤有清康熙间与俄、法往复文件甚多，其时法之元首则路易十四，俄之元首则大彼得也；试思此等文件在史料上之价值当居何等？今外交部是否尚有全案，此钞本尚能否存在，而将来所谓'清史'者能否传其要领于百一，举在不可知之数。此可见档案之当设法简择保存，所关如是其重也。"梁氏对于档案之观点，虽认为有重要与不重要者，然其所谓重要者，亦全在乎史料上之价值也。档案之有历史上之功用，吾人固不否认。但吾人之所以保存档案及档案之本身，是否全为后人而作，全为史料之故，则未尽然。档案之本身乃为事务进行中传达彼此之意见，坚固彼此之立场，便利彼此之工作；吾人之所以保存之管理之者，乃供给上述种种之参考也。档案本身之功用及其现在之功用，乃档案之第一要义，历史性质及供他人研究之用者，乃档案之第二意义也。至于私人之偶获档案，以为古董；及博物院之以档案为美术品而陈列展览之用者，更非吾人所谓保管经营档案重要之意义矣。因此吾人于保管老档之法尽量研究外，对现行新档保管之法，尤特为留意焉。

1.1.3 档案保管人与档案保管机关

档案之本身含有公证二字在内。公者言其文件曾经多人之参加，证者言其文件在法律上有证明某事之价值也。因是保管档案之人及保管档案之机关，亦须在公务上或法律上有根据，方可真正称为保管人与保管机关而不影响于档案之真伪。譬如余今作一文，不能称为档案，而一借钱契约可以为档案也。则试分析此契约，于债权者与债务者之外，必尚有一公证人或担保人。否则其钱不还时，各置一词，即不能解决。又债权者持此券当然有效，设另一人持此券，则其有效与否，须视债权人与另一人之间有否法定之手续以为断。故今所谓档案保管人，第一须有学术上之资格，方可对于档案物质上之护持，及人事上之护持，两方面曲尽其力。第二须有法律上或地位上之资格，方可护持档案，不致为大力者负之而趋，兼以取信于现在及将来。换言之，即保管人须为保管机关人员之一部分。至于保管机关之情形，可有种种不同。然其前后彼此移转交替之间，必须有法律上之根据，则一也。考档案所在之处，有即其处之所制造者，有仅为其处之所有者。前者称为制档者（archive making），后者称为有档者（archive owning）。而此制档者与有档者又各有不同：①产生此档案之行政组织现尚存在进行者；②一新的行政组织继续进行其同样之工作者；③其行政组织虽存在作用而其档案部分已停止作用者；④行政组织及档案作用均已停顿而合并或转移档案于他机关者。

1.1.4 中国过去档案之大概情形

历代政府档案，皆系该代之重要史料，然而大抵须编辑成书，方能流布。其以散帙原文传世者，除清代时间距今较近外，极为罕见。即经编成粗形之官书，迨该代正史出现后，亦多失传。如高氏《史略》有《唐二十二朝史录》，晁、陈二家书目有《元丰广案》百卷、《嘉祐御史台记》五十卷、《国朝会要总类》五百八十八卷、明《文渊阁书目》有《经史大典》七百八十一册、《太常集礼稿》百册、《大元通利》四十五册，均未见传本。历代地下之发现，如《汲冢书》，据《晋书·束皙传》所载，大凡七十五篇，无可称为档案者，且皆已亡佚，不可考矣。敦煌石室所出，据各家所载，亦以写经为多，间有一二契约官事之文。安阳龟甲，所述皆当时祭祀祷告之文，可称为殷商之档案。

余尚无特殊之发现也。①

清初内阁档子房，为存储档案之所，并责内阁专司其事。天聪三年设文馆于盛京，十年改文馆为内三院，一曰内国史院，一曰内秘书院，一曰内弘文院。内国史院即专司编纂起居注、实录等事。顺治二年以翰林官分隶三院，俱改内阁衔，称内翰林院、内秘书院、内弘文院。十八年复改内国史院、内秘书院、内弘文院，裁翰林院。康熙九年仍改内阁，另设翰林院如旧制。详见《大清会典·事例卷》十一。

清之内阁，其执掌仍如明代之内阁。《明史·职官志》谓："内阁凡上达之诏诰、制书、册文，下达之题奏、表章、讲书、状文册、揭帖，皆审署申覆。"清初档案，自盛京移入北京，即由内阁编纂保管，历代不绝。其一切旧档，皆在内阁大库中。至清宣统年间，内阁大库楼坏，大学士张之洞奏请以大库所藏书籍设学部图书馆，其旧档则主焚销。后应学部参事罗振玉之请，罢免焚销。民国初年，移于午门历史博物馆。至于档册实录存贮之所，吾人所知者，有沈阳故宫、北平故宫，及分散于历史博物馆、北京大学、中央研究院历史语言研究所等处。②

辽宁旧档，有满洲实录，崇谟阁汉文旧档、满文老档等。北平故宫档案整理刊行者，有《清太祖努尔哈赤实录》、《文献丛编》、《史料旬刊》、《清代文字狱档》、《清军机处档案目录》等。其他午门历史博物馆所存档案，民国十年顷因经费支绌，遂将档册八千余麻袋售于纸商同懋增，以重造纸。罗氏见之，乃以四千元购之。后归江西李盛铎。民国十八年国立中央研究院以二万元购回，存于历史语言研究所。整理后印有《明清史料》十册。尚有清太祖、太宗之实录、圣训未印。余存于历史博物院者，蔡元培先生请归北京大学，设北京大学明清史料研究会整理之。已整理就绪者，有《清太宗实录》十六册、《清太宗圣训底稿残本》十六册、《明季兵部提行汇稿》等。其间保存

① 简书发现考(《历史语言旬刊》百期)。

② 清叶凤毛有《内阁小志》、《玉简斋旧书志》言内阁事甚详；阮葵生《茶余客话》卷二有《内阁大库档册玉册斋旧》。

者之整理出版者，午门历史博物馆有《满清入关前与朝鲜交涉之史料》，罗振玉辑有《史料丛刊》等。①

故宫博物院之档案，据其报告有云："档册中如乾清宫实录大库，皇史宬之清代历朝实录、圣训、起居注，暨南三所硃批、玉旨、留中、奏折、题本，宗人府玉牒，内务府档案，及军机处档案等，约千余架。舆图、画像及册宝各千余件。明代玉册尤有存焉。"

历史语言研究所之档案，据其十八年报告有云："内阁档案原为清代内阁大库所藏。清内阁在雍乾以前为国家庶政所自出之地，在雍乾以后尤为制诰典册之府，所存档案，皆当时构成史迹者自身之叙述。又清初纂修《明史》及《三朝实录》，搜集启、祯两代案卷。沈阳陪都旧档，并为内阁所掌。清宣统元年大库室坏，此项档案由内阁移交学部。民国二年，教育部设历史博物馆，即将此项档案移入。十年，历史博物馆因经费短绌，遂将此项档案大部较破碎者售出，辗转为寄居天津之李木斋氏购得。本所成立之初，即思利用此项史料为研究对象。十七年十二月，由北京大学教授马叔平氏介绍，开始与李氏接洽购回，旋议定以一万八千元为代价。盖即李原付价及历年为此所付之迁移、房租等费。十八年五月，本所由广州迁至北平，始预备接收，并勘得历史博物馆午门西翼楼为堆存整理之所。七月由教育部将该馆拨给本院，委托本所管理。八、九两月，经编辑员徐中舒率同书记尹焕章将平津两处档案陆运，存午门楼上，同时并修理午门东西廊房，购置用具，为整理之预备。九月底由研究员傅斯年，编辑委员徐中舒并招雇书记六人、工人十九人初步整理。……此项档案与北京大学研究所国学会及故宫博物院所存者，其整理工作难易相差甚远。大概北京大学所存者，皆内阁档案中较整齐之案件；故宫博物院所存军机处档案，不但整齐，且有目录可检。而此项档案数量既钜，约十六万余斤，由历史博物馆售出时即已破碎，及辗转迁移之后，更加零乱不堪。"

清军机处档案，乃军机处所抄录清代内外章奏及上谕等之存稿

① 王国维：《观堂集林·库书楼记》。

也。先是内外奏章均由内奏事处送呈皇帝阅览，览毕交军机处抄录副本，将原件发还，所抄之件存方略馆，民国成立仍存原处。迨民国三年，国务院呈请大总统将此项档案移置于国务院集灵囿。民国十五年，复由国务院将此项档案与方略馆及杨守敬观海堂图书拨归故宫博物院整理。……移置景山西大高殿内，计图书五十五架，档案大小七十五架，图书贮于前殿，档案贮于后殿，移后由院中文献部整理。此项两次搬迁，极为凌乱，乃先按其朝代年月逐件整理。……计自雍正初年至宣统末年，所有档册折包共庋四十九架。凡档册七千九百六十九本，折包三千五百三十五包，约八十余万件。其详目见《军机处档案编年目录》。按军机处旧档，自雍正以来二百年间，军事机密，胥具于是。军机处事务原属内阁，自雍正年间设军机处后，内阁权势遂衰。赵翼《簷曝杂记》云："军机处本内阁之分局，国初承前明旧制，机务出纳悉关内阁……如唐翰林学士掌内制也……雍正年间，用兵西北两路，以内阁在太和门外，儤直者多，虑漏泄事机，始设军需房于隆宗门内。"

清升平署档案。升平署为清代内庭演剧之地，乾嘉时代名曰南府，道光七年始改此名。此档原存海盐朱氏，今归北平图书馆，都五百三十册，计十四种。至德周明泰有《清升平署存档事例漫抄》(《几礼居戏曲丛书》第四种)，《燕京学报》第十期有朱希祖《整理升平署档案记》可参看。①

民国以来仍立都北京，故政府档案悉存北京。政府南迁后，北京政府各部档案，一时未能南移，故各部多设有北平档案保管处。今已渐次移京合并整理矣。近自内政部成立行政效率委员会以来，对于公文函牍力拟改革，故整理档案之声日甚。在《行政效率》半月刊上，关于档案之文亦时有发表。皆各就其一部分之情形立论，尚未能有澈通之法也。

---

① 文稿中他处亦提及，"至德周明泰(至辅)尽读之，从事排比成《清升平署存档事例漫抄》，《几礼居戏曲丛书》第四种(二十二年北平和平门内细瓦厂十一号周宅发行，一元，全书六卷)"。其他文字皆同。编者注。

1.1.5 西洋档案之大概情形

西洋各国之档案管理方法，多较我国进步，故其所存档案甚多。即一国一省一城一镇之档案，言其详亦非易事。兹不过就其大概情形言之。《大美百科全书》Record—Public 下有云："古代对于档案之保存甚鲜注意，惟帝王酋长之行事记载，确曾保存之。由尼尼微及巴比仑之泥版书(the clay tablets of Nineveh and Babylon)可以见之。但其中之所记载，多偏于军旅之行踪，王朝之炫耀，而法律及影响于公众之事件则甚少。然文化进步，法律日繁，制定保藏，于是真正之档案生焉。当时之法规布告等，多书于羊皮纸及坚韧耐久之材料上，或榜于通衢(posted in a public place)，或传令州县，以晓谕百姓。故西历三百零三年之罗马法律裱于十二木牌之上，置之公共场所(forum)，以展览之，所谓十二表法(twelve tables)是也。中古时代法律亦多书于羊皮纸上，存于官厅，惟判案及田契等尚无系统之记载。法国为首先保存管理司法档案之国家，法国北部之洛尔曼人，遂传其法于英格兰。"

《大英百科全书》Record 下有云："管理档案有集中与分储二法，两者各有优点，至今讨论未决。多数之欧洲国家，美国，坎拿大，南非洲，皆效法国之所为，采取分储法。法国者，管理档案首倡之国也。概言之，各国虽多分储，而亦大抵皆有一集中储藏关于全国之文件。英格兰及威尔斯则为行集中法者。"

英国一八三八年之法律规定，全国各地分藏之档案均集中一处，设档案主任管理之，该主任复荐举二人以助清查。并制定适于公众之名词。此法并赋权于王，凡前此档案中未有之官档，均有权聚集之。后并将前国家文件局(Old State Paper Office)旧档，移入官档局(Public Record Office)，惟关于印度之文件仍旧不移。此后伦敦官档局，分为二部：司法档及国事档。后者包含旧内阁各部之档，前者分高等法院(Chancery)档及度支部法院(Exchequer)档二部。高等法院原隶属于王室，故其内容为皇家文件(royal letters)、公档(patent rolls)、秘档(close rolls)等均起自约翰王之时。公档多加盖国玺，公开送达保存者，秘档多封固送达保存者。公档内容为封地、封爵、封官、封主教、复官、赏赉以及各地疆域分合之诏谕等。此中早年之档，并有关于外交方面之文件，如公使之职权，与外国议和之函件、条约等。后发觉其不妥，乃改入国事档中。秘档内容异常复杂，大抵私人函件及较为关于私人性质者为多。其前管理员哈代氏(Sir Thomas Hardy)曾述其内容，谓关于守约、停战、求助、征税、复地、婺产、受朝、修建宫室、造币、皇室内务府事务、俸给、刑狱等令文，以及议会之开闭、军事之调动等诏令，遗致外国君相之文书、布告、禁令、榷酤、造船、征兵、筹饷、田赋等册，均有之。

度支部法院档中最早最著名者，为威廉王(William the Conquer)时代所制之英格兰陆地测量簿(domesday book)。度支部档中，分上院档，即查账档；及下院档，即收账档。上院档又分为度部收债局，及王室收债局二部。度部档以官员之俸给账项为主，王室档以国家用费账目为主。下院档大抵关于人民、教会及其他各地巨室账目。

关于普通法档，其中最早而有名者为理查王亨利王时之宫庭档(curia regis rolls)。其余皆历史公私诉讼之重要案件，如庭对档(coram rege)、公诉档(crown)、陪审档(assize)等。

关于国家文件，前已言之，颇有一部分入于高等法院档中者。国家文件局成立于一五七八年，后合并于官档局。中分内务档及外交档二部。后又添设殖民地档。迨殖民局成立，殖民局档遂转移于殖民局保管。内务档之内容，为王室政府收发之函件及委任状、命令等。

外交档以有关系之国为次，内容如各公使之函件、条约、议和等。

至于档案之出版，一八〇〇年特成立一王家委员会，专力于官档之印刷与分配。印出之物虽属不少，但因编制及索引不良，殊无多大用处。官档局所办理而出版者，成绩远过之。

此外，学术团体如派普档案会(Pipe Roll Society)及塞登会(Seden Society)，对于档案之批评解释，亦颇有成绩。凡学者若非专为对证原迹者，则已可以不必求阅原物，印出之档案，已足供研究之用矣。

按英国官档局，档案收藏最富，管理亦至有条理。贾士比著有

《官档局藏档指南》一书，最为详尽。第一卷论法档，第二卷论国家文件及公共部档。芮伊氏《伦敦图书馆指南》中，有官档局中之国家档案一章，亦可供参。其中有云："此种档案均含有官务之性质。所存之档，前后有八百年之久，世界各国所存之档，所包时间之长，内容之备，未有能过之者。"并云官档之内容可归为以下六种：

①Records of the Chancery and Exchequer and Courts of Law (King's Bench, Common Pleas, High Court of Admiralty, etc. , including those of the Justice Itinerant and the Clerks of Assize) down to the establishment of the Supreme Court of Judicature.

② Records of the Supreme Court of Judicature, namely of the Chancery, King's Bench and the Admiralty Divisions, and of the Clerks of Assize.

③Records of special, local and abolished jurisdictions, such as the Courts of Requests, Star Chamber and Wards, and of the Palatinates of Chester, Durham and Lancaster, and of the Duchy of Lancaster and the Principality of Wales.

④Records of the Copyright Office, Stationer's Hall.

⑤ Records of the State Paper Office, Comprising the Domestic, Colonial and Foreign series of the Secretaries of State.

⑥Records of Public Department.

十二世纪以前之档案，存者较少，自十三世纪起，多量完备之档逐渐保存。如 Chancery rolls 等，其中之 patent rolls 继续保存直至现在。中世纪之档案，保存最多者，为 Chancery 及 Exchequer 之各部，及 Kings' bench, common pleas and other courts of law 其中多为法律的及行政的。因早年之 Chancery 及 Exchequer 为政府之主要行政机关，其法律方面之功用乃后来所发展者。但在十六世纪之时，Secretary of State 却为政府之主要行政机关，故自此以往 state paper 逐日加多。自 1780 年以后，state paper 合并于 Home Office, Foreign Office, Admiralty, Colonial Office, War Office and other departments，直至现在尚是如此。国家各部皆移其不复现用之档案于官档局。官档局如此继续增加文件，以至不能容纳，现已有档件四千万件以上，有二十六英里长之书架矣。

官档局有研究室三：一室为研究历史者之用，一室为研究法律者所用，一室为政府各部之代表持有某部之特别许可证以研究近日之档案及不公开之档案者所用。凡欲研究一八〇一年以前之档案者，可以照式填就请求书，经局中秘书允许，免费取得阅览证。若为外籍人士，则须其国之公使馆之介绍信。局中并印有小册，载明各种阅览规程及抄检档案之用费表。阅览室星期及例假外，每日上午十时至下午四时半开放。

其展览室（the museum of the Public Record Office）在 *Catalogue of Manuscripts and Other Objects in the Museum of the Public Office*（by Sir H. C. Maxwell Lyte）一书中言之最详。其地原为 the Chapel of House of the Converts，一二三二年亨利第三所建以为犹太人之信耶教用者，后改为 Chapel of the Rolls。但自黑帝华王第一放逐犹太人之后，此地已成空名。一三七七年黑帝华王第三乃以之给与 keeper of the rolls of Chancery，直至一八三七年始行退还于王室。现有之建筑成于一八九五年，乃就原址加添。凡从前之有历史上或艺术上之价值者，概保存勿失。其所以选此为档案之展览处，亦即取其有历史及艺术上之价值也。展览橱柜甚多，计：

橱 A　writs，charters. 1094—1311

橱 B　charters，diplomatic documents，seals. 1281—1454

橱 C　illuminations，bindings. 1185—1495

橱 D　five plea rolls of the Court of King's Bench in the Tudor Period

橱 E　early Tudor documents. 1489—1509

橱 F　specimens of treaties，illuminated manuscripts. 1500—1535

橱 G　drawings，seals. 1559—1625

橱 H　small seals，indentures，tallies，curiosities. 1229—1617

橱 I　naval and military papers. 1782—1815

JJ　a document stamped With two specimens of the first issue of New South Wales stamps，the two penny “Sydney View” issue of 1850

橱 K　Oriental Letters. 1583—1766

KK　保存不善，致有损坏，复经修补之档案样本

橱 L　diplomatic documents. 1621—1814

LL　correspondence relating to Colonial postal issues of 1859

橱 M　some very interesting American and Colonial papers. 1621—1820

台子上　a collection of autographs.（墨迹）1366—1790（凡一百余件）

补充橱　局中 1918 年以后所获得之珍品

此外，于其中之墙上框架中尚有若干重要档案展览于是焉。

关于美国之档案，《大英百科全书》Record 下有云："美国各邦公档藏于国会图书馆，各邦之档各邦自藏之。此外邦图书馆中之档案部、国家历史委员会、国家历史学会皆有研究档案者。美国历史学会致力于此方面之工作最多。唯美国历史远在其成为独立国以前，故有甚多之材料须向欧洲求之，最重要者如英伦官档局及殖民局档等是。安堵氏（Andrew）曾将官档局、大英博物院、牛津及剑桥大学图书馆、英国元老院及其他藏档之处之关于美国部分者编成目录，颇便参考。"《大美百科全书》Record 下有云："美国仿英国之法，自开国以来，即保存公档，世界各国保存档案，未有如美国之注意之甚者。凡各邦之田地产业均应留下记录，法庭之记录则由法庭书记保存之，各邦法规则由各邦官吏保存之，并以公诸人民之查阅。联邦政府保存《独立宣言》及各邦间与联邦政府间之档案。各邦各县各市均有保存档案之设备。依习惯法，保存于政府当局中之档案，人民无绝对之权求阅。譬如关于产业之记录，不能仅以研究寻求材料之理由而求阅，除非实际与此事有关系之方面方可。然美国档案之准人民查阅者，限制仍较他国为宽。"

美国对于联邦政府及各邦各县之档案皆有详细之调查与报告，使寻求材料者得知何处有可资参考之档案，甚为便利。譬如 W. G. Leland 等编之 *Guide to the Archives of the Government of the United States in Washington*（1907），对于中央档案，分部叙述甚详。每部每

局述其行政之组织，历史之变迁，重要之档案等。计分：白宫、邦政部、财政部、战事部、司法部、邮传部、海军部、内政部、农业部、商工部、内政委员会、国内商务委员会、司法院、大理院、高等法院、参议院、众议院、国会图书馆、国际局等篇。每篇之下又各依其行政组织而加以区分。关于各邦之档案，各邦均有指南，如 The Historical Department of Iowa 有 *Reports on the Public Archives*；C. C. Stiles 有 *Public Archives*：*a Manual for Their Administration in Iowa*；J. F. Davis 有 *Guide to the County Archives of California*；American Historical Association 有 *Report of the Public Archives Commission of A. H. A.* 等是。

苏格兰之重要档案储于爱丁堡之 General Register House。高等法院及度支院尚藏有其自己之档案。爱尔兰官档局成立于一八六七年。国家文件局虽受官档局管辖，但仍为一分别之机关。爱尔兰之重要档案有五百卷之多，都在伦敦。南非及坎拿大亦各有其档案。

世界各国档案管理之法，以法国为最早最善。一八七八年时即已定下周详之计划，而历代守之不渝。国家档案分为三部：历史部、行政部、立法及司法部。均储置于巴黎苏比院(Hotel de Soubise)。各部保存其本部之档并从前之各省旧档及革命后之行政档。各部受中央统制，用一致之分类法排列。此外则有市政档、乡村档及医院档。此种档案大部分均经精密之清点。除用最严格、合理、一致之方法管理外，并有一文献学校(Écoles de Chartres)作科学之研究。仿为之者甚多，然未有能与之比拟者也。

其他欧洲大陆各国管理档案之法，多仿法国。瑞士与荷兰于其州县及都城皆有贮藏档案之机关。德国旧档(reichsarchiv)一九一九年已为新政府接收，储于 Postam。各邦亦各有其邦档，普鲁士邦除主要档案储于柏林者外，尚有十六七处置档之所。市档如 Frankfurt 及 Cologne 等地者皆有极大之价值。意大利有十七藏档处，归内政部统辖。伐梯堪①(Vatican) 之档另行独立。关于档案之出版，荷兰国最

① 即“梵蒂冈”，编者注。

堪注意。二十世纪初成立档案出版委员会，内有著名学者十人，每年聚会三四次以指导处理档案事宜，其工作之价值早已超出荷兰国(Netherlands)之外矣。

1.1.6 档案经营法之内容

余读美国历史学会档案委员会十三、十四各次报告，见 V. H. Paltsits 所拟之 *Manual of Archival Economy for the Use of the American Archivists*。其所列之目次为：导言，档案与政府之关系，档案之公开应用，档案法规，档案馆之建筑，档案馆之设备，档案馆中之热、气、光、洁，档案馆之保护与保险，管理之规程与则例，人员之组织，登记之方法，编目，分类，装订与修补，用具，纸张、墨水、打字机及带子，政府各部局与官吏之借出法，出版、抄录、编辑、印刷、影印，档案博物院及展览，档案要籍解题，全书索引等章。① 余今就所搜集之材料，国内之情形，及本校学生之需要。拟编以下各章。

通论章　论述档案之意义、性质、功用及中外档案之大概情形等事。

函件章　论述立排法及如何应用于一切机关企业文件之排比等事。

公文章　论述国内各机关现行之新旧各种管档方法，及今后吾人应如何规定收发、分类、编目、储藏、出纳方法等事。

旧档章　论述陈旧档案之接收、保管、清查、排比、修补、抄印、展览等事。

官书章　论述官书之获得、分类、编目、收藏等事。

馆务章　论述档案馆之建筑、设备、用具、组织、人员等事。

检字章　论述中国检字法及如何适用档案本身及索引之排列等事。

---

① 又 1913 年报告中之大纲略有不同：导言；1. 档案；2. 档案之储置；3. 热风灯洁，火，保险等；4. 设备；5. 规则；6. 登记；7. 编目；8. 分类；9. 装修；10. 用具；11. 展览；12. 出版；13. 法令；14. 档案辞典；索引。

索引章　论述档案索引之选目成条、编序等事。

凡其他材料于进行时发现，而上述各章未曾论及者，揆其性质，归入各章之下。有不能归入者，可于杂论或附录中及之。①

1.2　中国档案过去之大概情形相关文字

1.2.1　清军机处档案②

清自雍正间设军机处，内阁权势稍衰。赵翼《簷曝杂记》云："军机处本内阁之分局，国初承前明旧制，机务出纳悉开内阁，如唐翰林学士掌内阁之制。雍正年用兵西北两路，以内阁在太和门外，虑泄事，始设军需房于隆宗门内。"《清代军机处档案编年目录说明》有云："清军机处档案，乃军机处所抄录清代内外章奏及上谕等之存稿也。先是，内外奏章均由内奏事处送呈皇帝阅览，览毕，交军机处抄录副本，将原件发还，所抄之件存方略馆，民国成立仍存原处。迨民国三年国务院呈请大总统将此项档案移置于国务院集灵囿。民国十五年复由国务院将此项档案与方略馆及杨守敬观海堂图书拨归故宫博物院整理。……移置景山西大高殿内，计图书五十五架，档案大小七十五架，图书贮于前殿，档案贮于后殿，移后由院中文献部整理。此项两次搬迁，极为凌乱，乃先按其朝代年月逐件整理。……计自雍正初年至宣统末年，所有档册折包共度四十九架。凡档册七千九百六十九本，折包三千五百三十五包，约八十余万件。"

案军机处旧档自雍正以来二百年间，军事机密胥具于是。其内容颇能代表国家档案之大概。兹将其各档名称略列于下以供参考，如表

① 1.1 内容曾以《档案序说》的题目发表在《文华图书馆学专科学校季刊》1935 年第 7 卷第 1 期。编者注。

② 此前有一节关于"清代管储档案之机关"内容，因与前文 1.1 部分内容重复，故删去。编者注。

1-1、表 1-2 所示：

表 1-1　军机处档案 1①

上谕档	议复档	寄信档	交发档	随手登记档	发报档	密记档	金川档	廓尔喀
剿捕□□档	剿捕□□档	军营档	平定准噶尔文移档	边备夷情档	苗□档	议奏档	缅档	军机处文移档
寻常档	东案档	台湾档	留馆	伯克	奏折号簿	幸天津	高朴玉案	安南档
留京办理番案	留京办事档	进呈奏折档	石锋堡迁寄	平定两金川方略馆文档	报销进书档	桌饭档	皇太后万寿	剿捕档
剿捕折片	林案供词档	衡工档	上谕登记档	方略馆文移档	廷寄摘抄档	六旬万寿庆典档	剿捕□匪档	剿办南山□匪档
平定□匪记略总档	大员子弟档	川陕楚善后事宜档	收发实录馆月折档	五台园档	谒陵谕旨	留京日记档	交事档	夹报报匣档

表 1-2　军机处档案 2

来文档	永远存纪	印花档	值班档	方略馆留京日记档	交片档	剿捕随手登记档	打对上谕档	万寿事宜档	月折档
行文档	新疆换班大臣档	收文档	议叙履历底册	保举档	早事档	议叙等第档	巡防事宜片行档	方略馆同人履历档	宗内藩档

① 表题非原文，为整理时所加。编者注。

续表

清档房议叙履历册	俄罗斯档	与俄国公界互换记文档	花翎勇号等项档	木兰档	木兰议复档	方略馆随手登记档	换班大臣档	换班文收档	朱笔档
明发档	引见档	新疆档	军政卓异记名档	朱批档	缴平粤捻□·方略馆移文档	方略馆照会档	供事差使簿	各衙门议复档	记名总兵档
稽查交议事件档	御用图书记档	记名新疆档	御印档	供事履历档	另行存记档	方略馆大库考勤簿	方略馆行文档	方略馆议叙底册	方略馆同人到馆考勤簿
大臣换班档	应放副都统人员档	吏部记名新档	军政卓异收文簿	方略馆收文簿	清档房文移档	洋务档	奏单片档	电寄档	各省致军机处电文
收发电档	教案收电档	教案发电档	商约发电档	未递电信	呈递电信	电报档	东事发电档	发电档	东事收电档
收电档	商约收电档	内收文簿	剿平回□·匪方略馆移文档	收文	秋审拟旨档	会议档	小本早事档	知会档	皇太后六旬万寿庆典档

续表

换班档	交班档	俸册档	军务档	各衙门文书簿	随手登销档	併发报档	折单	汉档议叙底册	奉安奉移成案
堂交朱批簿档	管理各营处大臣官衔簿	大臣养廉符	御前行走侍卫簿	阁议论档	外文簿	发文簿	查办文武废员单	交班事件	密电
收文存根									

1.2.2 明清档案专号

系《中国近代经济研究史集刊》第二卷第二期，民国二十三年五月社会调查所出版。

内分：

1)《中央研究院历史语言研究所所藏档案的分析》… 徐中舒
2)《北京大学所藏档案的分析》……………………… 赵泉澄
3)《清华大学所藏档案的分析》……………………… 吴 晗
4)《故宫博物院文献馆所藏档案的分析》…………… 单士元

(1) 徐中舒《中央研究院历史语言研究所所藏档案的分析》

购买档案，组织整理委员会，刊布(为保存之一种方法)。

内容：大库有二库房。东库为实录库，西库为红本库，名为上下各级之大楼。

焚毁标准：实在残缺及雨淋虫蚀为主。

整理经过：①去灰；②铺平；③分类；④捆札；⑤剩余碎档之装袋；⑥裱背；⑦钞录副本。

(2) 赵泉澄《北京大学所藏档案的分析》①

(a)胡绥之致蔡先生论整理此项档案函有云：

"窃谓整理之法，分三种手续：一、先去尘垢，铺平，掖直，将某年分为若干束，分别插架。二、将每年中月日先后排次，仍旧插架。三、……然后由有学识者阅之，如为编年史，但须去其无大关系者；如为纪事本末或别为类纂，则须将事标明，分别插架，其中大率命盗案居多，如遇巨案，可将东华录一勘，倘有异同，可记出以备考证，余似无甚大用，惟中有秘事，又有非档案各件，是宜留意耳。"

(b)袁同礼先生致蔡先生论整理此项档案之法有云：

"一、档案之去取。敝以为应全部保存，盖今日认为不重要之史迹，或为他日所最宝贵者；况各人眼光不同，我所摈弃者，又焉知不为他人所乐取?

二、分类。档案性质与书籍不同，往往一文件而所涉之事甚多，故在若干时期内，仅能为概况的分类，每类之中以其事件之先后为次，如卷帙极繁，再以区域分之，……其只有年而无月日者，则列于该年之末；只有月而无日者，则列于该月之末；无年月日者及年份错误者，则自立一类，内中如有年份可考者，则附于括弧之内注明之。

三、编目。编目手续可分为下列数项：

甲，编目登记。宜用3×5寸之纸片。我国编目录，往往用红格本，拙笨极矣，亟须采纸片式之目录，俾先后部次，随时便于变动。

乙，标定格式。目录片上仅能择要登记，一张不能容时，亦可用二张或三张，故格式宜先标定，以期一律。格式大致可参照美国图书馆协会编定之条例，稍予变通。

丙，登记毕，并择要摘由。

丁，目录片编竣，以部类相从，再印"书式"目录。目录片便于检阅，应一律保存，制木箱以储之。

四、索引。……整理清代内阁档案原为便于编史或他项研究起见，既不能依据事分类，则索引之用尤巨，目录片之登记及摘由中最

① 北大交涉搬运整理委员会。

扼要之字，皆须编入索引，又须采互注之法。”

(c)北大对于此档案特组织之整理委员会所定之办法：

“第一步手续为形式分类及区别年代：

甲，分题本、誊黄、贺表、报销、杂件五种；

乙，以年代之远近为先后，自明崇祯迄清光宣依朝代年先后为次；

丙，以各机关所属之事务分类，如题本中可分户、礼、兵、工等类；

丁，以区域分类，分中央、行省、藩属。

第二步手续为编号摘由：

甲，如题本，除第一项手续外，摘录事实性质，归纳为若干总类。总类之下又分细目，然后编号上架。

乙，如报销册除第一项手续外，各就其不同之名目，分类摘录之。

第三步手续为编辑、研究、考证各种重要事件及分别编制统计表。

甲，重要事件之研究，如大政变、文字狱及史乘不详之事件等，加以考证，编为报告。

乙，分类统计。一、题本报销册分类后，即编成各地风俗状况，犯罪行为，历朝对于人民之待遇，物价之比较等统计表；二、即无甚重要之贺表、金榜等，将来亦宜利用之，拟编成历朝职官人名表，地方文风统计表；三、其余如公文程式及文字递变之调查，历朝官印之编谱，拟酌量缓急分别进行。”

(3)吴晗《清华大学所藏档案的分析》

清华历史系所藏的档案全部系五年来陆续收买得来的，其整理的大部工夫，须用在还原的工作上。

(a)按形式

①本子式；②折子式；③另纸。

A. 本子式还原程序：

①分省；②分形式大小；③依标题或内容分；④自成一种或一系

统者分开；⑤再按照时代分；⑥再查卷数次第。

B. 折子式与另纸之还原程序：

①作形式同一之分类；②再按机关分类；③就已分出者分别提出；④分奏稿、行稿、奏稿、拟稿；⑤分年；⑥分月；⑦分日。

(b)编目方法

本子式用十进式编目，折子及另纸用机械式编目法。

本子式编目第一以年月，如咸丰十年七月，第二以所属之省及类别，如湘，兵制类，水师项，职官目，履历册，其形式简写可如：

表1-3 光绪三十四年三月东三省某机关官佐夫役履历清册

光	3	4	0	3
车	9(各册)	2(属于全省者)	2(官兵)	G(履历册)
军1224			Vs. 1—4	

表1-4 民国四年冬季黑龙江全省陆军财政预算册

民	0	4	1	2
黑	4(兵费)	2(属于全省者)	1(经费)	C(预算决算册)
军3041				V. 8

表1-5 沿长巡防队左右中诸营官弁兵夫花名清册

光3400 长922G	
Vs. 1—7 军0679	

表 1-6　陆路提标军用品清册

光 2700	
粤 331A　V1	
军 0997	

各作数片，依登记号、年代、类别等分别排列。

折零档用机械式编目法：

A. 先作档盒，将同细类、同时代之档片入之而于盒背。写明：

图 1-1　盒背样式

B. 编目则以每盒为单位。

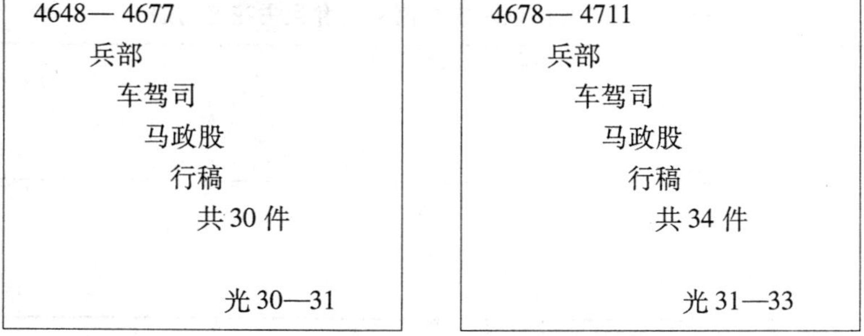

图 1-2　编目举例

依登记号排，惟登记号乃清顺之后所给者，故可略如分类号；若无清顺之登记号，则殊无大用也。

其档凡本属某一机关者，完全不拆散，已拆散者，则须还原，此恰合档案群之意。其已经还原整理出之机关档案为：

①陆军部档案

②总理练兵处档案

③直鲁豫巡回使署档案

④参战军档案

⑤边防军档案

⑥京畿卫戍司令部档案

⑦陆军审计处档案

⑧陆军三十二师司令部档案

⑨陆军十一师四十四团档案

⑩京师军警督察处档案

⑪高等军事裁判处档案

⑫陆军军法裁判处档案

⑬执政府军务厅档案

⑭第一路总司令部总军法处档案

⑮办理毅军事务处档案

⑯陆军电信队档案

⑰辽抚两属钨矿局档案

⑱农工商部档案

⑲筹办模范队事务处档案

⑳平津官矿管理局档案

㉑办理兵工厂事务处档案

㉒陆军训练总监档案

㉓山西国民军档案

㉔京师一带稽查处档案

㉕湖南督军署档案

㉖南京临时政府陆军局档案

㉗湖北陆军会计审查分处档案

㉘直隶督军署档案

㉙四省经略署档案

㉚留守府军务处档案

(c)分类

其分类先以时代分，以乾、嘉、道、咸、同、光、宣等字代表之。

再以地域，以湘、鄂、蜀、鲁、豫等字代表之。

再以大类，大类有九：①总类；②兵制；③兵械；④兵费；⑤兵学；⑥纪载；⑦防御；⑧奏议；⑨名册。

再分中类，中类有九：①属于全国者；②属于全省者；③省内各组织；④特种机关；⑤水师；⑥各道县乡区；⑦各旗陵驻防；⑧留外办事处；⑨其他。

再分小类：

②兵制下之小类：组织、职官、兵员、教练、军法、军校、工厂

③兵械：旧式、新式、辎重、军马、工事、损亡、器具

④兵费：经常、临时、奉饷、设备、战费、善后、奖恤、教育、交通

⑤兵学：操典、作战、战术、运输、调查、防御、勤务、军政、军器

⑥纪载：总类、兵制、兵费、兵学、战势、军史、单据、成绩、教育

⑦防御：边防、塞防、海防、江防、战时、平时

⑧奏议：兵制、兵械、兵费、兵学、纪载、防御、组织

⑨名册：官佐、官兵、学员、具结、伤亡、奖恤、户口、惩罚、工匠

(d)形式细分表

A——报告册；B——统计册；C——预算决算册；D——说明书；E——报销册；F——清查册；G——履历、籍贯册；H——文告；I——收发单据；J——印花簿；K——编译之属。

1.3 西洋档案之大概情形相关文字

1.3.1 英国公私档及行政区分大纲①

A. 公共行政本部(public administration)

(1)属中央者

(a)宫庭(或王室与法庭，the Court 即皇室法庭(Royal Court))，官吏及行政之发展

(b)法庭之再造之发展

(c)更直属于皇帝之新行政事宜

(d)直属于皇帝之行政再进一度之发展——特别是关于国务卿者(Secretary of State)

(e)公立各部

(2)属于地方者(local)

(a)中央各部各地分处

(b)地方行政本部

B. 公共而独立之行政

(1)教区事务(ecclesiastical)

(2)诸侯事务(palatinates)

(3)乡镇公团事务(boroughs and other corporations)

C. 私务行政(private administration)

(1)机关事务(institutions)

(2)个人事务(individuals)

说明

本附录中所举这种档案，后有“Ⅱ”“§2”“(e)”等字号者，系代

① 1.3.2 为《档管理论》的“附录一”，本节中所说“本书”即指该书。编者注。

表该项档案在本书中所曾提及之章节，以便参考。

须知吾人此处之目的，不外将本书内引为例证之各种档案排入一普通系统(general system)而已。故未多加详细说明，亦未多引权威之说。上例 A 项(1)姜生先生所著《官档案局》(Johnson's *the Public Records Office*)一书系《历史学家辅导丛书》第四种(*S. P. C. K. Helps for Students of History*, No. 4)中又一极好之档案大纲，又白德先生编著之《官档指南》(Bird's *Guide to the Public Records*)一书定然亦极有价值。至于 A 项(2)及 B 项，学者可参考 1910 年皇家官档委员会之第二次及第三次报告(Royal Comission on Public Records)，其第三次报告第一卷第八页至第十八页，第二卷第四十二页至第五十六页，及第二、第三两报告中之附录，所具之纲要，尤为有用。此外，历史写本委员会(Historical Manuscripts Commission)1883 年出版之斯他布氏所著之宗教法庭委员会(Ecclesiastical Court Commission)报告中之历史附录，1914 年出版之第十七、第十八两次报告及《地理指南》(*Geographical Guide*)，亦可参考。

各类档案，时有相互掺杂之情形，亦不可不知。(见本书第二卷第二节“档案之转变”)例如，中古时代之教区检认法庭档(ecclesiastical court probate of middle ages)现归于高等法院(High Courts)之海军、检认、离婚各科(Admiralty, Probate and Divorce Division)之手；而民事档案和教区档案(the archives of civil and ecclesiastical parishes)常相混淆；又，正应归入上节所述之 A(2)、B 及 C 各项之档案，因管理及手续上之意外变动，常有误入 A(1)者；且任何一大档案群，如官档局之杂档书(见本书第二卷第二节 e 条)之类，其中档案往往有失去行政上之连系及主管人员上之连系者。然其迷失者又常可于博物院中或私人收藏中发现，惟本应属于何地何人何机关之物，则不易寻出其连系。(本书正在编著时，大英博物院正在研究从写本部某种装订中发现之一种残档，该档似归官档局之典藏档者(wardrobe accounts)。)

因有此种例外，故过去之行政区分，应为今日之档案区分。

A. 公共行政本部公务行政

(1)属于中央者

(a)法庭、宫庭(或王室与法庭)

英国在诺兰曼王朝各帝时，中央行政之权悉操于皇帝左右诸臣之手，即其所谓王室，王室秘书长(或称为国务卿或宰相，the Chancellor)，即皇帝之秘书，同时在文书方面亦即为最高行政长官(Chief Executive Officer)。王室又为一财务机关，监督各州、县、地方官吏之每年之收支账目。管库大臣及宫禁大臣(the Treasurer and Chamberlains)则管理宫中库中所藏之各项珍贵物品，档案亦在其内。皇家法官(Justicial)之所执掌，则正与其名称之含义同。王室内之此等执掌与区分，渐变为一部院或数部院而有永久之行政人员及档案，因之遂有秘书院(County Chancery)、度支院(the Court of Exchequer)。王室及贵族之会计专员(the King's and Lord's treasure's remembrances)，库藏院(the Treasury)其本身之功用偏于储藏(repository)一方面，征收院及其后分出之两个度支院，即诉讼度支院(the Exchequer of Pleas)及犹太度支院(the Exchequer of Jews)法庭院(the Curia〈court〉Regis〈legal〉)，后又分为民事诉讼院(Common Pleas〈civil〉)及刑事诉讼院(King's Bench〈Crown Pleas〉)。国会及议会(Parliament and Council)之档案，曾有一时与同其有密切关系之秘书院档案放于一处。①

(b)法庭之再造之发展

由于事务增加，因而行政区分及档案之大小、数目、内容等无形发展。秘书院发展为较小之习惯法院(Common Law)及极大之衡平法院(Equity Jurisdiction)。土得尔王朝之执政家(Tudor Politics)，因当时之情形，于度支院外又增设继承遗产重婚法院(Court of Wards)、头产税及什一税法院(Court of First Fruit and Tenths)及国教税收调节法院(Court of Augmentations)。征收院及度支院下数部分，亦随时发展，直至十九世纪，始为一总管所(Controller General)接收，后则裁

① 本项档案举例(archives within illustration in this book)另打粘。此处及1.3.2每节后均如此注，因在后文中未见相关内容，故从正文删去，编者注。

撤矣。

各院虽时时增加新职能，然旧执掌亦时有减削。秘书院之执行权日益减削，度支院虽仍保有旧日之档案，然其财政上之职权多为其他之新设机关分去。秘书院虽仍继续收录各项法令，但国会之两院对于其议事文件，均已有独立之记录，Council 亦然。

旧司法法院之记录(档案)在数量及内容上均日趋庞大与复杂，十九世纪时乃与秘书院及度支院之法律法院同合并于最高法院(Supreme Court)。同时，新法院如斯塔法院(Star Court)及与御告法院(或请求法院)(均为 the Council 之分支机关)相继设立，惟存在不久，即归裁撤。

(c)与王室更有关系之新行政机构

王室原来各机关(courts)既已部院化，国务卿(Chancellor)亦不复密接于皇帝，皇帝于是不得不另寻新机构以行使其行政上之职权。首先则移大权于内务府(Chamber)，继则于服饰院(Wardrobe)，而其行使职权之法乃于国务卿盖国玺(great seal)之文件加盖御玺(privy seal)。后加盖御玺之事，又复部院化(departmentalized)。总之，于旧行政机构之下产生新行政机构因遂代移其职权。此种新行政机构多未遗下档案，只于秘书院“保证国玺之名义”(under the warrants for the great seals)下，遗留大量之玉玺院及其他小印监掌处之信件。服饰院之文件亦存于度支院(the Exchequer，K. R.)中，作为一种保证。

(d)行政机构更进一步发展

自御玺职权又部院化之后，私信御玺之制代兴，而私玺大臣(Keeper of the Signet)在土得尔王朝时亦即行国务卿之职权。以非正式之信办国家重要之事务之实行，乃起于此时代之一二官吏，今日吾人所有之国家文件(state papers)即是。其中收文原稿、发文底稿及自己机关之行政记录均有。同时新兴两类档案，即会议记录及报告(minutes of proceedings and accounts)。今日之档案尚多少存有此种形式。十六、十七世纪，又有其他新行政机构兴起，离旧有之行政机构而独立。各机关须报账(declaring account)于审计院(Audition)之事，乃起于伊丽莎白当权时代(the Reign of Elizabeth)。而度支部之财政权遂渐移于审计院之手。枢密院(Privy Council)则后国务院(Secretary of State)独立而与之平权。司库大臣(Lord of Treasury)和海军大将(Lord of High Admiralty)各设衙门之后，又新生出两个机关，即法制局(the Board of Ordnance，自十六世纪起)及商贸部(the Board Trade of Plantations，1696年起)。皇帝私人掌管(the Sovereign Personal Household)(即从前服饰院 Wardrobe 之职)又分而为二，即内务大臣及总管大臣(the Lord Chamberlain and the Lord Steward)。

以上各机关直至十八世纪之档案，或存于国务院(Secretaries of State)中或与(e)项所举之其后来所变成之各部之档案合并。亨利皇帝第八(Henry Ⅷ)以后之国家文件(state paper)分为内政、外交、殖民地各部分(domestic，foreign and colonial)，以上各类档案，在十八世纪业已经人整理，相当系统化(methodized)矣。

(e)新部院(Public Department)

新部院有自国务院(Secretaries of State Offices)发展而分出者，有自其他部院分出者，如库藏院(Treasury)，有自某部与他部合并而成者，如陆军部(War Office)。近世部院之发展，其形式有自内分者，大部分之机关均如是，如海军部及陆军部(the Admiralty or War Office)；有自外分者，外分之机关，自己有相当之独立性，然仍属于其原来所从中分出之机关，如会计、税收各部之于库藏院是也(the Accounting and Revenue Departments are subject to the Treasury)；亦有完全由国会通过而设立者，如1838年之通过设立官档局(Public Record Office)是也。①

(2)属于地方之档案

(a)中央各部之地方分处

本项所述，普通虽视为地方档案，然严格言之，仍为中央行政机

① 在未讨论其他各项之前，吾人须知上列各项之项目未必能包含官档局全部之档案(如特藏档案，特档(special collection))。故档案过去之系统化(分类)不过只能给吾人今日以类目之参考，吾人今日尚须加入若干寄存档案及钞本档案之类目(普通皆自他种档案而来)。

构之档案，为工作便利而偶然作成于或储置于地方者。有时候甚至制成亦不在地方，后因某种变故，方存于地方者。中世纪时期之例子，如巡回裁判官(Justice in Eyre)之档案，或中央裁判官而因某种使命暂在地方行使职权者之档案是也。此种档案大都储于议会(Westminster)，但不甚均然。后此之裁判所(the Justice of Assize)其十七世纪之档案，不久之前移存于官档局。威尔斯王(Wales)亨利第八(Henry Ⅷ)所设立之半年开审一次之高级法庭(the Court of Great Session)之档，亦存于中央，与巡回裁判所之档案同。

此外，近世中央各部院，多因便利及必要而设立地方分处者，最著之例如陆军部及其部署(the War Office with its Commands)，海军部及其船械所(the Admiralty with its Dockyards)，邮政总局及其各省分局(General Post Office with Provincial Offices)，其他如高等法院(High Court)之县登记所(District Registers)亦然。

(b)地方行政机关之档案(本部)

此种机关及其档案与上述(a)项不同之点在于，此乃纯各地方行政机关而且处理地方事务(dealing with local affairs)。此类地方行政机关在中世纪则有如州县官(Sheriff)官、产官(Escheater)、验尸官(Coroner)及保安官(或和平裁判官)(Justice of Peace)。若贵族院于1547年通过各州县设立州县档保存所(County Repository)一案，则州县档案当保存不少。因无此种议案通过，故州县之档案之存于今日者，不过各州县对于度支院及秘书院之报销册及据单，或某氏之先人曾为是地之官之家乘(archives of families)而已。

近世地方档为州立法院(County Courts)，检验法院(Coroners' Court)，州议会(County Council)及乡、县、区、镇议会(urban and district Councils)等档案。地方最老之档案当推伦敦中性区之档(the session records—Middlesex records)，自十六世纪以来即有之。(此种档案之详细情形请参看1910年皇家委员会(Royal Commissions)之第三次报告，第11卷第17面，其中为自和平书记室所发现之档案之目录(list of records to the found in the Custody of the Clerk of the Peace)。)大概言之，吾人可云档案之产出(archives making)当以十八世纪之法

档(legislations)为多，档案之存于今日者亦以此项档案为最。

B. 公共(中央)而独立之行政机构

即中央行政机构而外，性质近于中央而独立之行政机构。教会档案(ecclesiastical archives)因教皇秘书处之关系，paper chancery 即属于此类档案。不过其内容多系与皇室有关之世俗事务(temporal business)。近代中央各部亦多有其独立之机构。

(1)宗教事务档

此类档案，依教政(hierarchy)之系统，极易分类，且各类区别亦甚明显。如：

Diocesan Registries
Muniment of Chapters
Archidiaconal Registries
Rural Diaconal Muniments
Parish Chests
Bishop's Registers(自十三世纪起)
Records of Consistory Courts
Dean's & Chapter's Muniments
Chapter Act Book
Deeds & Fabric Rolls
Archidiaconal Rural Dean's Records
Churchwarden's Accounts
Tithe Awards
……

此外宗教与政治相关之档，多移入世俗官府，如教会财产档(archive of property of Religious Houses)、税收档(Court of First Fruits of Argumentations)等，今已成为公档(public archives)，上节已讲。

教区委员会(Ecclesiastical Commissions)之牧区财产档(muniments of church property)亦已成为公档。从前之检认档(probate records)纯为宗教档，今一部分变为公档而属于高等法庭(High Court)矣。

除代表法庭(the Court of Delegates)乃所以代替罗马法庭之申请法

庭者(Appeal Court，后又为其他机构所代替)之档案而外，以上所述各教会档案，多属于世俗性质者(temporalities)。

(2)选帝侯区(Palatinates)档

选帝侯区者，辖有一县或数县之地，有全权支配其地之一切，俨如皇王。故其档案之形式与中央档案无多区别。选帝侯区今日尚遗留有档案者有揭斯特选帝侯区，杜尔汉选帝侯区，爱乃选帝侯区，南卡斯特选帝侯区(Chester，Durham，Ily，Lancaster)。其中南卡斯特中之杜其地方(Duchy)之档案最为混杂。此种法权今已悉还王室，惟南区中之 Chancery Court 尚未归还法权耳。选帝侯区档案除爱、南两区外，亦已移交中央。其他选帝侯区，如彭特克区(Pembroke)等，除偶有散见于各地之残档外，无有整个档群遗留于今日者也。

(3)村镇及其他团体机关(boroughs and other corporation)

此中包括法令所批准设立或国王所特许设立之机关，略举之如村市(boroughs)、城镇(cities)、市镇(towns)等。机关(corperations)如城市公司(city companies)，学术团体(Search bodies)如大学，商业机构如大通商垦殖公司(the Trading or Colonial Companies)，十七、十八世纪中，垦殖通商关系极大。

C. 私务行政(private administration)

(1)机关(institutions)

私务机关与特权组织(the privileged corporations)之间，颇难有严格之分别。通言之，特权组织往往挂有其名，实际上无甚权势，而尚须向公立机关立案者。

(2)个人(individuals)

据《商务韦氏大学字典》：

Exchequer　昔指英格兰处理皇家岁入并解决岁入事务之机关皇家度支局，又为 Court of Exchequer 之略，系自 Exchequer Office(皇家度支局)产生之法院，今并入高等裁判所之 King's Bench Division(皇室法庭)，亦可作英国之财政部解。

Chancery　在英国本指王室秘书处(the Office or Bureau of the King's Chancellor)，后指大法官(Lord chancellor)所掌之法院。此法院

于1875年前为贵族院(House of Lords)而下之最高法院，1875年后变为高等裁判所(High Court of Justice)之一部，而只司衡平法院之裁判(with equity jurisdiction only)。

Chamberlain　宫内大臣，司宫禁事务者，内务府大臣。

Court　①朝廷、宫庭、王宫、王室、朝臣之总称；②法庭、审判厅。

Justiciar　十三世纪为国王之政治上及司法上长官，高等皇家法官。

Remembrance　英国皇家会计局(the Court of Exchequer)之官员。今日尚存之一员为King's or Queen's Remembrance，即最高法院中之一员，专为国王讨债者。

Star Chamber　a account of ancient origin of England that met in a Chamber in Westminster Palace; abolished by act of Parliament (July, 1641)

Privy council　枢密院

Pell Record　度支院之档案而写于parchment之上者

Westminster　英之国会

Justice of Eyre, Justice of Assizes　巡回裁判所

the Court of Great Session in Wales　威尔士之高等半年大审法庭

with its Command　及其部下所属各机关

with its Dockyard　及其造船所

District Registries　注册所

Hierarchy　教政

Muniment of Chapters　牧师档

Diocesan Registries　主教管区档

Archidiaconal Registeries　副主教档

Rural Diaconal Muniments　地方教区档

Parish Chests; Bishop's Registers　主教档案

Records of Consistory Courts

Dean's & Chapter's Muniments　牧师长档

Accounts　报告
Chapter Act Books　牧师条例书
Deeds & Fabric Rolls　契据建造档
Archidiaconal & Rural Dean's Records　副主教及乡牧档
Churchwarden's Accounts　教会财产档
Tithe Awards　什一税审判
Probate　检认遗嘱
Palatinates　选帝侯区

1.3.2　英国档案馆

英国档案馆乃是事先有计划而组织者，故其行政方面之进行步骤颇多，可供我国档案馆设立之参考。英国官档局乃是逐渐发展而成，其行政组织自不免有迁就事实之处。所根据 V. H. Galbraith 氏之 *An Introduction to the Use of the Public Records* 略言其内容之处理。所以重其内容之处理者，特求其与美国档案馆之经济、行政组织相补成也。

1.3.3　《大英百科全书》之述档案

《大英百科全书》之述档案(records)示下所述：(1)明义；(2)管理；(3)司法档案；(4)普通法档案；(5)国家档案；(6)出版档案；(7)档案委员会；(8)美国档案；(9)苏格兰、爱尔兰等档案；(10)欧洲大陆各国档案；(11)档案书目。

(1)明义

英国官档法之《保存档案法规》(1838 年)释曰："官档者……"(见前译文)①。此义至今尚可援用。惟所谓公共性质意义甚宽。实际英档案中不少私人文书也，同时亦有许多公共性质之文件而入于私

① 载记者，案卷(rolls)，记录(records)，令状(writs)，书籍(books)，议事录(proceedings)，法令(decrees)，法案单据(bills)，委任状(warrants)，闻见报告(accounts)，文件(papers)，及其他一切英国有公共性质(public nature)之打口门(documents)也。

人之手者。

(2)管理

管理档案有集中法与分储法二法。两者各有优点，至今讨论未决。多数之欧洲国家、美国、坎拿大、南非洲皆效法国之所为，倾向采取第二法。法国者，此事之首倡者也。概言之，各国虽分储而亦有集中储藏关于全国之文件。

英格兰及威尔斯为行集中法者。

英国1838年立法规定全国各地分储之档案均集中于一处，设档案主任管理之，该主任复荐举二人以清查之，并制定适于公众之名词。以此立法并赋权于王，凡前此档案未有之官档，均有权聚集之。后并收旧国家文件局旧档移入官档局，惟关于印度之文件仍旧不移。此后，伦敦之官档局分为二部：司法档及国事档。后者包含旧国务院各部之档，前者分高等法院(Chancery)档及度支部法院(Exchequer)档二部。

(3)司法档

司法档分高等法院档及度支部法院档。高等法院原系隶属于王室者，故其内容为皇家文件(royal letters)、公档(patent rolls)、秘档(close rolls)等档，均起自约翰王之世。公档，加盖国玺，公开送达保存者，秘档封固送达保存者。公档内容为封地、封爵、封官、封主教、复官、赏赉以及各地疆域分合之诏谕等。此中早年之档，并有关于外交方面之文件，如公使之职权，与外国议和之函件、条约等。后发觉其不妥，乃改入国档中。秘档内容异常复杂，大抵私人函件及较为关于私人性质为多。其前管理员 Sir Thomas Hardy(哈代)述其内容："如关于守约、停战、求助、征税、复地、婺产、受朝、修建宫室、造币、皇室内务府事物、俸给、刑狱等令文，以及议会之开闭、军事之调动等诏命，遗致外国君相之文书、布告、禁令、制币、榷酤、造船、征兵、筹饷、田赋等册。"

度支部法院档中最早最著名者，为 William the Conquer 时代所制之英格兰陆地测量簿(domesday book)。度支部档中，分上院档，即查账档；及下院档，即收账档。上院档又分为度部收债局及王室收债局二部。度部档以官员之俸给账项为主，王室档以国家用费账目为主。下院档大抵关于人民、教会及其他各地巨室账目。

(4)普通法档

其中最早而有名者为理查王至亨利王时之 curia rigis rolls 档。其余皆历代公私诉讼之重要案件，如 coram rege 档，crown 档，assize 档等。

(5)国家文件

国家文件，前已言之，颇有一部分入于高等法院档中。国家文件局成立于一五七八年，后合并于官档局。中分内务档及外交档二部，后又添设殖民地档。后殖民局成立，殖民档遂转殖民局焉。内务档之内容为王室政府收发之函件、委任状、命令等。外交档以国为次，内容为各公使之函件、条约、议和等。

(6)出版档案

一八〇〇年特成立一王家委员会，专力于官档之印刷与分配。印出之物虽属不少，但因编制及索引不良，殊无多大用处。官档局所办理出版者，成绩远过之。此外，学术团体如 Pipe Roll Society 及 Selden Society 对于档案之批评，亦颇有成绩。凡学者若非专为对证原迹者，则已可以不必求阅原物，印出之档案，已足供研究矣。

(7)美国档案

美国各邦公档藏于国会图书馆，各邦之档各邦自藏之。此外，邦图书馆中之档案部、图书历史委员会、国家历史学会皆有研究档案者。美国历史学会致力于此方面者特多。惟美国历史远在其成为独立国家以前，故有甚多之材料须向欧洲寻求，最重要者如英伦官档局档及殖民局档。Andrew 氏曾将官档局，大英博物院，牛津、剑桥大学图书馆，英国元老院及其他藏档之处之关于美国部分者编成目录，颇便参考。

(8)苏格兰、爱尔兰及其他属地之档案

苏格兰之重要档案储于爱丁堡之 General Register House。高等法院及度支部法院尚各藏有其自己之档案。爱尔兰官档局成立于 1867 年。国家文件局虽受官档局管辖，但仍为一分别之机关。爱尔兰之重要档案有五百卷之多，都在伦敦。南非及坎拿大亦各有其档案。

(9)欧洲大陆各国之档案

世界各国管理档案之法以法国为最早而法最良。1878 年时即已定下周详之计划而历代守之不渝。其国家档案分为三部：历史部(historique)、行政部(administrative & domanial)、立法及司法部(législatif et judiciaires)。均储置于巴黎苏比院(Hotel de Soubise)。各部保存其本部之档并从前各省旧档及革命后之行政档。各部受中央统制，用一致之分类法排列。此外则有市政档、乡村档及医院档。此种档案大部分均经精密之清点。除用最严格合理一致之方法管理外，并有一文献学校(Ecole de Chartes)作科学上之研究。仿为之者大有人在，然未有能过之者也。

其他欧洲大陆各国管理档案之法，多仿行法国之法。瑞士与荷兰于其州县及都城皆有贮藏档案之机关。德国旧档(reichsarchiv)一九一九年已为新政府接收，储于 Postdam。各邦亦各有其邦档，普鲁士邦除主要档案储于柏林者外，尚有十六七处置档之所。市档如 Frankfurt 及 Cologne 等地者，皆有极大之价值。意大利有十七藏档处，归内政部统辖，伐梯堪(Vatican)档另行独立。关于档案之出版，荷兰国最堪注意。二十世纪初成立档案出版委员会，内有著名学者十人，每年聚会三四次以指导处理档案事宜，其工作之价值早已超出荷兰国(Netherlands)之外矣。

(10)关于档案之要书目录

①利维士通：苏格兰官档指南　1905

②范丁及孛南：美国官档指南　1907

③霍尔：英国官档　1908

④姜森：官档局(英国)　1918

⑤韩学：市档　1918

⑥汤森：乡档　1919

⑦杜尔：法国官档　1919

⑧吴德：爱尔兰官档局官档　1919

⑨霍尔：英档卷(英格兰档)　1920

⑩波沙：欧美官档调查记　1921
⑪金肯生：档案管理法　1922
⑫汤森：苏格兰官档　1922
⑬索巴比：官档局之稿本指南　1923—1924
⑭霍尔：英档及大战中之史料　1925

1.4　金肯生《档案管理法》内容概要

第一篇，导言。论档案之意义、范围、性质，档案家之职责及将来档案之制造。

第二篇，档案之起源及发展与保管档案之规则。

第三篇，近世档案。

第四篇，档案之制造。

第五篇，战事档案。

1.4.1　何谓档案

今之历史范围甚广，固非全依档案所能成事，然历史不从原始可靠之档案而来，未必可信。若然，则过去与今日档案之保存与将来档案之制造诚不能已也。

(1)何谓档案

档案有 record 及 archive 二词可用。前者通义太泛，专义太专，常人不易解，后者各国语言皆喜用之。其字源于 apxεio，初为储藏公共档案或历史文件之地，后引申为档案之本身。揆其义：(a)档案(archive)乃文件(document)也，为官务办事中之一部分而藏以待参考者也。(b)凡特为一官务而制造之文件及应包含于一官务中之文件，皆档案也。(于《申报》剪下一有关之纸排于档中亦是档案)(c)文件(document)之定义：在无论何项材料上之所有写稿，所有以写字机器所作成产出之字体，及所有以机械式的铅字、木字、铁铜木雕刻重作成之字体，再加所有其他实体材料的证据，无论其包含于字顺或数号中否，成为其一部分者，或为附粘件者，或极有理由可假定其为一部分或附粘件，特殊文件应如是定义。(d)私人的或半私人的团体或个人所作成(made)的集件(collection)在其 acting 的官务的或事务的 capacities。(e)虽为私人的文件而用以保存于官档室中者即可谓之档案。(f)必置于无污点之档案室(员)中者。(防伪)①

(2)档案之定义

档案者，其作成为自己行政或执行事务(无论官私)过程中之用②而跟即保存于其自己之档案室中，为其负责该项档案之人或法定之继承人参考之材料者也。

(3)档案之性质及档案之历史的批评

照上述定义之档案，其性质第一无偏，第二真实可靠。但档案室被破坏者或有赝件，或甲致乙之件而乙伪之而传下，或甲致乙之件而故伪之而得传下，或两者皆传下，史家拨其时事状之情由，盖可推知，然其于后人，则少其存心作伪者。

(4)档案家之职责

使其档案及档案室安全；供应专家应用档案之材能。

(5)标准统一之方法与原理

(6)一个新问题：将来档案之建造

1.4.2 档案之进化

档案最初大抵只凭记忆，其文件亦不过收件、发件、底子或抄本及记事日录几种。随放随置而已。次方有所谓排列，排列于箱中也。后因事务暂繁，方形分化，有类别之不同及新旧之各异，功用之扩大。故吾人研究档案之进化应同时研究官职、人物之变迁。其进化之次序乃先由收、发、记三者之中各分出若干类，或而留其不能分者，或一部分装裱，其余以原式存之。再一档案传至于吾曾经若何人物之管理及曾经若何地方之搬迁，亦于管理及分类上有大关系。

(1)档案之往来迁移

① 此法最重要，尤以秘档、法院档为要。

② 即其自身成为一部分者。

储档处问题：①产生此档案之行政机关仍存在作用者；②一新的行政机关进行(carries on)同样之工作功用者；③其作用已停而其行政机关尚在进行者；④行政及作用(同时)均已停者，而并其档，传于他机关者；⑤混合情形如是，则何为管档者，何为负责人必须决定，否则档移之后岂非无负责人耶？此当于法律中求之。盖管档者之意义乃其系制档案机关行政人员之一部分之意也。①

(2)何为一档案保管者(archivist)

管理承受档案者须有相当之资格，否则大力皆可负之而趋矣：①须其机关永能存在或定有承继之者；②须直接取于原主，不能辗转贩卖；③须于取来后有相当之地址、人员、方法以处理之；④须一概取之，不能选精遗粗。

(3)档案与博物院

博物院多有收档案者，然博物院以美术或历史为要义。故于上述四规则多有未遵者，且他国与英国大有不同，他国多不重 custody 而英独重之。然 archivist 应以档案本身为第一要义，历史性质为第二要义，美术性质则又其次矣。

(4)档案保管者之第一职责：物质上之护持。

档案保管者其职责可分为二：一曰对于档案之本身者，二曰对于档案之外者。前者又可分为物质上之护持及道德上之护持二者。兹论物质上之护持。

(a)关于储档室者：要安全，建筑要避火、避潮及避隔邻舍水火之波及；取热须设热气管，灯宜用电灯，电线宜包于金属管内；门窗柜台须妥为锁好，以免穿窗之盗；勿准闲人出入。兹无以上之设备而借用旧房者，对于兹述诸事须格外注意，预为防范。

(b)又关于储档室者：空气须好，光线要适宜，然不宜多变直光线，因纸张、墨水等易捲易碎易变化也；宜清洁，毋染尘，毋污秽，须有洁净之空位以备洗刷、放档案时好搬放。档案房舍须便于工作：①各部分交通往来方便；②要有会客室、戳印室等；③若高大房，升

① 制档中有机关(archives owning, making custody)。

降机宜置于中央；④容纳九学者之地位①。

(c)学者阅览室：设备、桌椅、光线、参考书目

(d)档案处地位须经济：层数，每层之高低

(e)书架：原料，排法

(f)装档盒子：有各种形式

(g)管者、阅者之取用与损坏：不准吸烟，不准用墨水，要好生地翻揭等

(h)防偷窃：监督之法

(i)放错

(j)修补②：工具，材料，一纸写二面者，糨糊，大小，修补书，装书皮子，监督

(k)复现：将不显现及将消灭之字弄现，或手填或用化学药法

(l)印记：印法，印之种类，印泥

(m)特种意外之防备：如日本之大山飓风，中国之土匪兵灾

(n)档案展览室

(5)档案保管者之第一职责：人事上之护持

(a)管档者往往因急于整理出来以便应用之故而致有疏忽，未尝依一定必经之手续。

(b)接收③　①排列而有目录者；②排而无目录者，均须先加以检验(check)；③未排亦无目录者。如非自档案原机关接收而是向整理家(者)接收则，须视其可用否，勿轻易改动。检验之时慎更其原形原序以留真像。

(c)收到登记号码　①原已全存序号，此番又未零乱，即可照号放之；②原来虽有号次，但其间一部分之档案已失者，则仍须继续连接其号码；③如原有序次之外，更有物者，则可加于后。如原登记号为1－1000，兹当有一物未入，则可登记为1－1001。

---

①　以下各事与图书馆中所讲原则多同，不详记。

②　修补附备有规则及格式。(见4.9，编者注。)

③　旧清单、号簿，收到之次序。

(d)原来的排列及装订　若无必要之情形，原来之排列与装束不可擅自变动。原为散页者，此固可排之装之束之或仍之，但必须使后之来者知此乃此之所为，非原来之所为，此其颇有意义也。

(e)盖印与号码　方法与规则：宜用自盖号码机，须用能盖同数码多次者；宜用永不变色之墨水，同时可盖机关之印。

(f)登记摘由簿　单有登记码不足知档案之内容，此可用种种之形式。如：于码前再加年别次序，或捆别者，于后述其由。

(g)单档　封套或装订档，包裹档(包在信内之件)，插入档，表册档(什物档)，粘附档。此种号码颇易给，其规则为：①凡档皆具一独立之号；②凡卷或封皆具一独立之号，其间再有零物者另给副号；③凡在主物作成之后而包之包内档、粘副档、插入档，其号与其主档同而另加副号。

(h)初加包捆　其次序不必定依登记号，可依其物之情形而包捆，如故件入盒、契据入封箱、大图卷入大封箱等，而另作一包及其内容表以利检核。

(i)参照之变更　对照表。

(j)管档者之笺记　勿附于档之本身，而可用纸条粘上，如不全，如有复本，如有破缺等，注明时日、笺者。

(k)档案之排列　其目的、其秩序无论好坏者，无总次排列。排列不仅要依其主题，且须顾其性质，其彼此之关系，及与学者之便利。

(l)其主要原则　唯一正确(对的)排列之基础，是显示(注明)原用此档案之机关(处)之行政上的目的。①

(m)程序　一须详察其原出档案机关之历史及组织；二须收档案，分大类与小类，再分细类，然二者不能相制也。要之，吾人排列之次序须与原来排列之意不甚相远。

(n)制条片　其上须载明包捆号，内容之年代，修补情形，内容简述，所写之材料为纸成为布，用何种语言，属于何机关之档案，与

① 但非依其所从接收之地，或因辗转若干次而非其原用此档者之处矣。

他档之关系，或加上登记号。

(o)档案以机关分(vertical division of archives) 其问题：何种机关可以独立，一机关中又有无数机关者若何处理?①

(p)档案群(fonds archive group)之意义 一行政机关之档案，此机关为一有机体之全体，其自己即完全能独立一切，不须外之权力，于各方面皆可独当一面。遇特殊情形时亦可以其下之 commissions or divisions 为代表。

(q)一档案分为两档案群 一机关之下有数档案群者，此乃一档案群而属数机关者，须视其情形而认为一或多而定互相参照之法。

(r)档案群内之排列 须依其时之大事②，如军机处档之平定准噶尔档，所有关于此事者依其主从而归于一处。

(s)排列之另一提议 尚在进行之机关，其档案之分类，自不能求其完全，固可尽量保其完备。唯可于杂项或其他中有特殊号以成立一粘者，提出为新类可也。

(t)排列之类目标目 宜取旧事、旧目，然必须使其排后前后有相当之关系，不可随意凌乱。其不能以旧事项、旧目者，可新加上之。

(u)老档、新档及杂档

(v)未排及误排之档案③

(w)清单

(x)最末打包及空号 最末依行政组织及类别打包，各加以简明代表之符号，书于包上，作索引时，即可据之取索。

如：

此为行政组织(group)

审计院 E(division)

收发局 40(sub. d)

---

① respect pour les fonds，establish or reestablish the original arrangement.

② main record

③ 此由调去或其他原因所致。前应重排入与否，视情形而定。

发拨司 2(class, no.)

此为档案数

发文档 3

号数 5

未分新档可加数号(　)内，如：

E. 402/18/7(14)

Exchequer

Receipt

Issue

Issue Roll

Numbers 等

(y)目录及说明、索引　指明缺物在他处，有助于研究。(fill up the gap)

(z)附存(私人或其他不关此印之件)之件即原移之件①

(6)档案家、行政家及历史家之关系。三者虽有关系，然档案家不是亦不应是历史家。档案家，内乃档案之奴仆，外乃应用档案之学者之奴仆也。

(7)档案家第二职责，除前节所述外，并应作：

(a)指南以指全藏档案之内容；(b)须了解索引之方法；(c)著录时对于原文写成档书或今文时之规则；(d)影印原稿出来之方法。

1.4.3　近世档案

(1)导言

旧档与新趋势：旧档因人事之未全尽及自然之淘汰，存于今者不多。而现档与将来之档，因为之之易②，交换之勤③，事务之繁多，

① 在其他地方展览室、博物院者亦应于索引中引及之。此外应作书架或房室目录、分类目录及索引各一，以利检查。

② 印刷、打字、复写等。

③ 此前数月可有一公文者，今每日可有数公文。

情况之复杂，机关之众多，一日一月之档案抵得前数十年之体积，管理、保存皆生困难，留乎毁乎是必讨论者也。

(2)关于选择与销毁之普通实习

①领具销毁理由与正确之审查。

②选毁之方法及其应注意之点。

③何人有选毁之权。欲行此事须究过去之档案之性质与情形，现在及将来档案之趋势。

(3)销毁之理由与公正

老档之销毁大抵皆以其于本身行政事务上之用为据，有用者留之，无用者毁之。并不以档件之历史价值与后人之关系为主。近今之意见则不同，多趋于历史性质。孰是孰非颇是问题。惟毁无复本者及毁以为无历史价值者二者颇是禁条云。

(4)销毁选择之普通方法

第一即销毁重本，但重本之意义颇难定，有文字绝对相同者，有仅内容相同或撮大意者，有文字相同而其中忽有一二处或有无者，当以 word by word 相同者为是，但校对之费不大于保存之费耶？第二有美术上或历史上之价值者，但以档案家观之，则不必有留存之价值。盖以今日之眼光，谁知数千百年后之史家之观点耶？

(5)销毁之责任者

销毁老档何人负其责耶？档案保管者？历史家？行政者？各有不妥。

(6)销毁档案之准备

宜合档案管理者、历史家及行政者三方面组一委员会以定夺之。其要点为：①此法果真有效否，永远可行否？②如此所余存之档案，其性质与昔人传吾人之档案性质相同否？

(7)近世档案之选择

老档之选择与销毁无论于何种人手中均有不妥。惟近世档案则当以行政者之自行留择为较妥。盖既似历史家与档案家只顾其自己有关之一面而纯粹以其行政之实用为主，此即档案之本性，而古档案之遗于吾人者亦无非如是而已矣。唯须注意其：①毁之尽否？②毁之过甚否？

(8)结论

毋毁老档，除非仔细检验，然其费毁过于存。现档宜依时代以留之毁之。将来之档，必有多至不堪之状，宜设法审之。真足以选之去之者，惟行政者较好。

(9)造档者之工作

①将来之档案必仍须具有如老档之性质，毋以历史家之私意为之；②必使能遗留下其行政过程中之记念；③须尽量求其少；④必按期选存而善藏无失；⑤其放排须尽量使其便于档案家。

(10)档案制造金科玉律

档案应须力求其精少，但必如往昔之意；处理之法可不同而为显示其机关及其人员整个工作之情状，便后之来者；即若其组织与内容均完全不可能于此档案排列，容易得为有之。

1.4.4 档案制造

(1)就旧之材料。

(a)纸。有：①cotton，flex and lemp；②chemical wood；③esparto & straw；④mechanical wool。(b)墨。(c)印及印墨。(d)抄用纸及打字机(带)。(e)其他物件。

(2)做事之新法及档案之形式(象)。但仍不外收、发、记三者而已。

(a)谈话及电话谈话。(b)抄下口授之信及电报。(c)私人信件，凡因公而生之私件，应为公档。(d)因近做事方法之革新，公事文件日渐私人化。

(3)索引法。

(4)公文之加多，此有二法使其减少成为档案：(a)虽有公文暂排印销；(b)小事不必行正式公文。

(5)一个救济：集中政策。中央(注册)各机关普通往来公文皆送一份与中央档案局①，则各得保存。

(6)中央档案局自己之记录。(a)公文登记。(b)使有关公文安放在一起。(c)叙述公文主题。(d)叙述公文性质。(e)分配公文于各室。(f)the resulting register; and subsidizing doc.。

……

(9)Minutes & Accounts.

(10)The size of the reg.

(a)Doc. witch maybe destroyed immediately; (b)Cases reserved; (c)The routine of destruction; (d)Cases for function consideration; (e) final disposal; (f)The limit of current use and the passing of doc. into archives.

(11)Cases of doc. nor registered; and some other consideration.

(a)Minutes, Proceedings & Accounts; (b)Separate literature of annexed doc.; (c)Confidential doc.; (d)Index of subsidiary doc. of reg.

(12)The staffing & organization of reg.

(13)Reg. & the Archivists.

① 用为材书簿，其本身行政事项记录。

2　公文篇①

2.1　公文之意义及其形式

何谓公文?《公文程式与保管》曰："凡政府机关及地方团体往返之文件统称为公文。其范围至广，上至政府宣布政令，下及人民陈情事项之呈文，莫不属之。故其意义实有别于个人平常之文字，盖含有处理公共事务便于发表之意思也。"《刑法》第十九条："称公文书者，谓公务员职务上制作之文书。"《公文程式条例》第一条谓："凡称公文者，谓处理公务之文书。"是故公文最重要之处仍在处理公务一点，与"通论篇"吾人所谓"凡为一官务而制作之文件及应包含于一官务中之文件，皆档案也"之意相合。惟所谓"便于发表"则殊不尽然，盖颇有案件不宜发表者。《公文程式条例》第五条"政府发布之公文，除密件外，应于国民政府之公报公布之"是也。

公文之形式，国民政府十七年十一月十五日颁布之《公文程式条例》较各部所订者为统括，亦即各机关所根据者，录之如下：

第一条　凡称公文者，谓处理公务之文书，其程序依本条例之规定。

第二条　公文之类别如左：

一令　公布法令，任免官吏及有所指挥时用之。

二训令　上级机关对于所属下级机关有所谕饬或差委时用之。

三指令　上级机关对于所属下级机关因呈请而有所指示时用之。

① 常识化、简单化。

四布告　对于公众宣布事实或有所劝诫时用之。

五任命状　任命官吏时用之。

六呈　五院对于国民政府，或各院所组织之机关对于各该院及其他下级机关对于直辖上级机关，或人民对于公署有所呈请时用之。

七咨　同级机关公文往复时用之。

八公函　不同隶属之机关公文往复时用之。

九批　各机关对于人民陈请事项分别准驳时用之。

第三条　五院对于各省政府及其所属机关之公文以令行之。

第四条　公文应记明年月日并由负责者署名盖章。

第五条　政府发布之公文，除密件外，应于国民政府公报公布之。

第六条　本条例自公布日施行。

以上所举程式计有九种，此外常见而未见诸列举者，尚有所谓电令、电呈、代电、便函、牌示、签呈、照会诸式。案吾国政府机关之公文程式由来已久，如清代官署所用之申、详、咨、移、牒、禀、批、札等，亦咸有一定不移之格式。大别之可有上行、平行、下行三类。古有诏令、书牍、奏议之文，亦即上行、平行、下行之意也。吴曾祺《文体刍言》曰："诏令者，上告下之辞。"立目三十有六，曰诏，曰即位诏，曰遗诏，曰令，曰遗令，曰谕，曰书，曰玺书，曰御札，曰敕，曰德音，曰口宣，曰策问，曰诰，曰告词，曰制，曰批答，曰教，曰册文，曰谥册，曰哀册，曰赦文，曰檄，曰牒，曰符，曰九锡文，曰铁券文，曰判，曰参评，曰考语，曰劝农文，曰约，曰牓，曰示，曰审单，皆诏令之类也。又《书牍类》曰："刘和彦云，战国之前，君臣同书，盖其时上与下则谓之书，下与上亦谓之书，所谓同也。"立目一十有三，曰书，曰上书，曰简，曰札，曰帖，曰劄子，曰奏记，曰状，曰笺，曰启，曰亲书，曰移，曰揭，皆书牍之类也。又《奏议类》曰："此为臣告君之词。"立目二十有八，曰奏，曰议，曰驳议，曰谥议，曰册文，曰疏，曰上书，曰上言，曰章，曰书，曰表，曰贺表，曰谢表，曰降表，曰遗表，曰策，曰折，曰劄子，曰启，曰笺，曰对，曰封事，曰弹文，曰讲义，曰状，曰谟，曰露布，皆奏议之类也。

至于公文之体作例法、行文之系统、公文用语、公文结构、纸张之大小、格式之规划等，仅有他项书籍可供参考。吾人志在研求管理公文之法，可以不必深究。惟制作公文之程序应略知晓，讨论管理之方法时，方易明了而有助也①。大抵公文之制成有拟稿、送签、发缮、送印、封发诸种步骤。普通对于公文之见解，自收文至发文谓之公文之处理；对于业已办理完结之公文，归档存藏谓之档案之保管。近人已觉分而为二，于行政效率颇不经济，故有连锁办法之拟议试验者，此诚处理公文、保管档案之一大进步。今取此意，分为组织、收录、分类、编目、典藏、出纳、校存各项论之。在未分别讨论之前，有数事项先提及者：

2.1.1 理想之管理制度

理想之管理制度应具正确、简单、经济及伸缩性各条件。所谓正确者(accuracy)，分应用时之正确及归还时之正确两点。欲应用时正确，于应用者之知识上及了解上固须有相当之训练，然管理者须先使公文档卷之本身在分类上、编目上及排列上具正确之性质。否则，用者虽智，不能得也。同时又须顾及应用后归还时之正确。归还者在技术上固须有相当之训练，而所采方法，排列之方法，字顺之方法，指示之方法，储置之方法等均须使还者有明确之界域，不致流于错误混淆。所谓简单者(simplicity)，务使其管理上所用之方法人人易晓。若其方法虽良，然繁曲难明，非经长时间学习不能了解者，亦不善也。盖普通用者固无暇学习，管理者亦非尽人易知。设有变换，则接替者企难，手续上亦易生错误。所谓经济者(economy)，即地位经济、工作经济及时间经济是也。档件所占之地位愈小愈佳，尤以大城中重要机关房屋有限、布局纷繁者为然。对于使用者须便于携取，对于检取

① 公文之必须有程式者，计其便利有三端：①便于组织；②便于检阅；③便于覆查。

者须动作手续简捷。应用时须以最短之时获得所欲求得之结果。此于行政效率上方可增加，亦即所谓经济也。所谓伸缩者(flexibility)，即其所用之方法、手续可适用于大量之材料，同时可适于少量之材料；可适用于此地，亦可适用于彼地；可适用于开始之时，亦可适用于发展之后。虽不能照本来形式适用，然照形加以修改或扩充即可适用，方不至一加改革，全部翻腾也。

2.1.2 整理以前之调查及其方法

中国向有管理公文案件之法，唯以今日眼光绳之，殊多欠缺。因是有识者群思改革，利用新法以求增加行政效率，便利事功。而新法之能否实行，旧法利弊何在，必先明了，方可从事。故此新旧更变之时，调查一端极为重要，盖此乃改革之根据也。中国公文管理倡革新之论者为内政部行政效率委员会。会中蔡君国铭调查行政院各部会档案管理状况之时，拟有调查表格发表于《文华图书馆学专科学校季刊》第六卷第四期中，细目甚繁，大体分组织、登记、分类、编目、典藏、出纳、建筑七项，自管理方法上言之，已甚完备。惟举行调查颇不容易，且吾人对于各藏阅档案，除欲知其技术上之管理方法外，并宜确知该机关之性质、历史及其所存档之种类、起讫，藉便研究。然调查管理方法较易，调查档案内容甚难。而两者之间常互有关系并非绝然可以分立者，有其特殊之历史及内容，故应用如许之方法。W. G. Ieland 在 *Guide to the Archives of the Government of United States in Washington* 之叙言中提及调查困难之点约数端：①每一机关下面分部之繁杂变迁、移转；②档案所在之分散而不集中；③管理储置方法前后彼此之不同；④有不便或不能调查者；⑤有量数太多非短时间所能竣事者；种种。

2.1.3 处理档件之程序及范围

照普通办法处理档件，实自一机关所收之公文业已阅办完毕，所发公文之稿件或附张誊发完毕，而送交档案处保管以便日后之参考起。自此以前可谓之文书处理办法，自此以后方可谓之档件处理办法。各有范围职守，不相侵越。近日有人主张，此两者分别有损办事效率，故有文书档案连锁办法之试验，如内政部之所为。所谓连锁者，即将文书收发处与档案保管处所用之符号合一，并将档案处应办之事，如分类编号等，预先提于收发处为之，加重收发处之责任以省档案处之手续而已。如是则收发处必请知识较高者为之。

2.1.4 新旧人法及集中与分储

中国旧法，在昔事简之时，未尝不可以应用，且其人世代相承，善于记忆，亦能略应人之所求。然管理者或因年老不力，或则时久弊生。故陈次亮《庸书·则例篇》云书吏之权重于宰相。“一事也例应驳，书吏受贿，无难觅一可准之案以实之；一事也例应准，书吏索贿未足，无难觅一可驳之案件以倾之。”并有积案一火焚之之语。此盖组织不良，换人不易，用法不善，检索困难之故也。此外遗失、偷窃以及不便统计诸弊更所在多有，故改良之声日甚一日也。改良之时最大之难题有二：一，旧案是否全依新法重新整理之；二，分散于各部分之档案是否一律集中之。在一般原则上言，应重整、应集中。但旧案重整，有该机关直接之旧案，如内政部民国二十三年以前旧案；有较间接之旧案，如北京政府时内政部之旧案；有更间接之旧案，如满清户部之旧案。能否通通纯以近日所拟之新法？其组织不同则分类之法将异。

盖机关内部之组织为案件分类之要素，此各档案家之所共认者。即使分类编目之法可同，数量巨大之旧档是否可以如甘乃光氏所谓之将整理后之旧档分入新档中，亦殊值吾人之讨论。将某种已成系统之旧档加以分散，金肯生氏已力持不可，且档案数量一多，即现有新档亦应逐渐移存，档案学上有所谓 transfer method 即指此也。何能将已成系统之旧案一一悉分入新档箱中耶？复此则为总管制与分管制之讨论，此在档案学上诚属一大问题，即现今欧美各国所行者亦各不同。惟有一二事可得言者：年代愈远之旧档愈应当、愈可能行总管制；机关房屋之建筑、办事之地点愈集中者，愈应当、愈可能行总管制。反之，即不应当或不可能集中，而分管制即得存在于其间。吾人应以集中为他日之体，以分散为现在之用可也。

2.2 公文之名称及沿革

(1)公文之始于战国以前者

典、谟、训、诰、誓、命、教、令、简书、策、册、契、符、玺书、上书、檄

(2)公文之始于秦者

制、诏、奏、议

(3)公文之始于汉代者

敕、铁券、棨、繻、传、章、表、封事、疏、状、奏记、牋、牒、移、判、白事、露布

(4)公文之始于魏晋南北朝者

告、赦文、启、弹文、列

(5)公文之始于隋唐者

发敕、敕旨、批、告身、德音、敕牒、牓子、堂帖、关、刺、牓、释

(6)公文之始于宋代者

诰命、御札、敕牓、故牒、公牒、咨、劄子

(7)公文之始于元明者

劄、劄付、谕、下帖、告示、牌面、勘合、照会、题本、揭帖、咨呈、牒呈、牒上、参评

(8)公文之始于清者

札、申、详、折、呈、禀、牌、揭

(9)民国公文之名品

①民国元年十一月六日北京政府公布之公文程式

令、布告、状、咨、公函、呈、批

令：大总统令、院令、部令、委任令、训令、指令、处分令

大总统令：公布法律令，公布教令，公布条约令，公布预算令，公布特任、简任、荐任官吏之任免令

②民国三年五月二十六日北京政府公布之大总统公文程式令、大总统政事堂公文程式令暨官署公文程式令

(甲)大总统公文程式令：令、咨

(乙)大总统政事堂公文程式令：封寄、交片、咨呈、咨、公函

(丙)官署公文程式令：呈、详、饬、咨、咨陈、示、批、禀

③民国五年七月北京政府公布之公文程式

大总统令、国务院令、各部院令、任命状、委任令、训令、指令、布告、咨、咨呈、呈、公函、批

④民国十六年八月十三日国民政府修正规定公布之公文程式

令、通告、训令、指令、任命状、呈、咨、咨呈、公函、批答

⑤民国十七年六月十一日国民政府修正公布之公文程式

令、训令、指令、布告、任命状、呈、状、公函、批

⑥民国十七年十一月十五日国民政府公布之公文程式条例

令、训令、指令、布告、任命状、呈、咨、公函、批

2.3 组　　织

管理档案处之组织可以分为：独立的档案管理处；附属于某机关的档案管理处。

独立的可暂分为全国档案处、全省档案处、全县档案处三级。全国档案管理处直隶于国民政府或行政院，各机关之老档概行送归管理。全省档案处，全省各机关之老档送归管理，每到一相当时期将档册目录送一份归全国档案管理处备查。其中部分之档案欲送归全国档案处管理，或全国档案管理处欲将其某部分档案送归其管理者，可自行商酌进行之。全县档案管理处，全县各机关之老档送归管理，每到一相当时期将档册目录一份送交全省档案管理处备查，其某部分之档案欲送归或调归省档案管理处者，可自行酌定之。其他团体之老档，依其隶属之关系，分别送归国、省、县档案管理处管理。如国立图书馆、博物院、大学校等归国档处，省商会、农会等归省档处，县党部、乡、村、镇等档归县档处。机关内附设之档案管理处，因机关之

大小、文件之简繁，规定其在机关体系中之地位。以方法言，第一决定为集中管理制抑为分开管理制；以地位言，应将档案处在国、省、县或某机关之行政系统中之地位提高；以人材言，应用其曾受相当训练，或相近科目之训练，或有良好制度之经验之人物；以人别言，可分为四级，即处长、主任、书记、工役；以事别言，可立点收、清理、收发、登记、分类、编目、编卷、装订、修补、排列、典装、出纳、销毁、移存、出版、展列、研究等部门。事繁者每部之下尚可细分；事简者各部合并为一，亦无不可。

2.3.1 登记法①

兹为便利研究及解说起见，决定此之所谓“登记”乃指公文在一机关中，无论其为收文发文，完全办理完结，送交档案保管处，档案保管处接收之后之登记。在此以前，该项公文曾在收发处作如何之登记或归类，此处至多作为参考，并不受其限制。换言之，此之所讲非就连锁式之管理方法言，是以收发处与保管处各别独立者言之。然余并非反对连锁式者，意欲各项程序各别研究规定之后，然后决定如何连锁，方为最善。先讨论保档处本身应有之一贯方法，再讨论收发处之职责、功用，可能为之事及可以助保档者而比对之，以求不重复、最合用之目的。

公文案件之管理与图书馆图书之管理，其根本不同之点在于图书乃编定之后方付应用，档案乃应用之后乃付保管。故图书馆之图书至于应用之时，其书在馆中之历史、位置、关系等种种记录皆已齐备，阅者、借者、查者、还者无不各有依据。公文到达一机关，如亦照图书馆管理图书之法，自是一贯，无须有所谓连锁之法矣。然此决不可能。因如此不但搁费时日，抑且系统紊乱，办事不灵。然若公文来达之时，毫无记录即送阅办，则在归档之前，失误搁置将无从考查矣。因是有先在收发处登记之事。收发处初只做最简单之记录，知有此一件公文已足。后因公文数量加多，自到达到归档案止，中间大抵须经

① 增加“法”字，区别于后面的“登记簿”。编者注。

历甚长之时间，在此期间内，其唯一可以考查者，唯此收发处之登记而已，故记录不得不加详，种类不得不加多，以便统计。若所有公文均行归档者，问题尚小；若公文中有不归档者，则不归档之件其记录永远只收发处有之，故收发处之权遂重，此乃事实使然。有人谓连锁法收发处责在重者亦莫可如何之事也，余则主张收发处完全作为档案处之一部分，由档案处派人负责为之。凡其所登记者，即其将来所保管者，一切手续自无须重复。否则，收发处登记无论如何详备，待他日归档之时，档案处仍须登记以明授受之责任，不能无条件接收也。

今不问收发处如何登记，只就档案处之登记言之。吾人究有须登记者何事，登记时应著录何种项目，应用何种格式，利弊何在，与各方面应用之关系，而一一研究之。现在政府各机关，因档案本身管理不良，检查不易，因之一切重要之点均集于登记一簿，故登记之法五花八门，特别繁复。

(1)注收到日期

注明某年某月某日收到。用手书、木戳、橡皮戳或者活动日期机均可。书于件面空处即可，若用淡蓝色印，则于字里行间亦无不可，总须各件所注之地位相同以便查考。收文注于来文件面，发文注于原稿或归档之稿(因有时不必原稿，复写者或印就者亦有之)之件面。如系收发处之登记，尚须折封。普通公文自然即行折封，注明收到日期并加以登记，然后送阅办。若为密件，当然不能擅折，可将其封套上之可能项目，如发文机关日期、文别等，记入登记簿内①，其余候补记或用其他规定之方法，收到日期可暂注于套上。

(2)登记号码

登记号码，收文用一号码，发文用另用一列号码，可知收发文数目。可一律用阿拉伯字，书于或用活动号码机盖于件面之左下角。但若其每种号码永远继续延长下去，如图书馆之登记号，则不免有时号码太长，不便应用。可每年用罗马数字冠于其前，而以该年总收、总发之号码，如民国二十三年一千八百号可作“XXⅢ1800”于登记记

① 密件收发文簿。

录上。每月首或尾处，做一空白，备将以往之号码作一总加数可也。如民国二十三年以前已共有十三万八千号，则二十三年某月之首或末作 138000 + 1800 = 139800，则从前之总收发号码亦不难知悉。至于登记时所用之单位，则各处不同。多有新案则立一号，旧案则不立号者，此法殊有流弊。余则主张依照图书馆学上之原理，无论其案之为新为旧，于前于后有无关联，只要其单独成立一件而送来或送出，均给予一个号数。盖若用前法，则登记之号码不能确实代表收发公文之件数。且欲查有无旧案，不能专凭记忆，又须于收发处设置种种便检之记录，方能查得，为此又当多作无谓之簿册。既无新登记号码，则仍将旧案号码书上，单书上旧案登记号码，阅卷者亦必未知其有旧案也。且阅卷办理是案者，其记忆力及智慧力未必俱逊于收发处之人员。主张同案用一号码者，最大之理由为同案各案可于档案中放归一处。不知登记乃记录文件流动之历史而放在一处，自有分类编目者优为之，同性质者自当归于一处，与登记号码之同一与否无关也。即以同案之文件而论，前后之件虽其中所讨论之大题无异，而每次发展必有若干之不同。① 故同案各卷置于一处，仍须有一定之区别。若分别登记，则登记号码之先后既可示事态发展之变迁，又可即以其为次序（或时日近者在前，或时日近者在后），而合收日期之先后也。②

(3)登记之项目

登记项目因各人需要不同而有歧异，大抵有：

A. 日期　登记(收或发)之日期。

B. 号数　登记(收或发)之号数③。

C. 对方之机关名或人名　公文之往来必有一定之对象，本身自是管档者之本机关或人员，对象或是发文来者，或是送文去者，不外机关与个人二种。此点最关重要，等于图书之著作者，万不可少。来

① 内政部档案处之登记，不论案之新旧一律加以登记，附件大而须分置另登记，能合置者皆不另登。

② 必要时可于旧案之件登记码下作记以明之。

③ 文件之页数。

文者固是文件之著者，去文者，亦皆因彼而有是项文件之作，亦如著者之重要也。至于机关及人名如何著录，于“编目”中言之。

D. 案由　案由者乃以最概括简洁之文字述明文件之内容者也，等于图书之书名，亦万不可少。其摘录之法第一宜简，第二宜尽，若简而不尽，毋宁失之繁也。

E. 附件之登记号码　所谓附件，乃指其物不能单独成立，如单独成立，则其本身即无相当之记载，使人不明其以何因缘而来此者。必附于其自身有说明之件者。如此则不另用登记号码，即书明某号之附件，多者曰附件一、附件二等以明之。凡附件可以合订粘装于主件者即为之，不能而须另放者亦记出之。登记者已假定登记之每一号为一件，故每号无须注明件数。然若有附件则不可不计，须先列附件件数并记其为何物及情形。

F. 送归何处与何处送来　若是收文，则必分送长官阅办，有完全送交一处者，如秘书处或文书处，有分送各司处者。如全送一处者，则此栏可不必填字，送到时由该处盖章，印“□年□月□日收”即可，并可作为收据；如分送各处，栏内只写“民”(民政司)或“警”(警政司)一字，由各该司盖“□□司□年□月□日”之印即可。若是发文底稿交来归档者，则此栏可名“何处交来”，如“民政司□年□月□日”之印，“警政司□年□月□日”之印，盖上即可。通为一处汇交者，只记年月日可也。

G. 文别　文别者，其文为令、为函、或为呈也。此非必要，然著之可资统计及其他特殊之用。

H. 卷目号数　登记号数即该项公文分类之符号也。在理论上，收发处登记时实无须做此项工作，亦不便做此项工作。若必须填入例，则须填例，因登记实在分类之前也。唯现在颇有不少机关之登记簿有纲别、目别(如行政院档案股之登记簿)或档别、类别(如军政部档案室)之设，盖因档案管理者往往以登记簿作为普通依日期以检索档案之目录也。

I. 原文号数　原文号数者，该文件中所有文件之数序也。如指令一三〇八号是，此项无设立之必要。(如军政部档案室登记簿设有

此项）

J. 备考　此栏自可设立以备不时之用。此外有主张须将公文来处之地别亦列为一栏以便统计者，在某种机关固是极有用处，以一般情形而论，似可不必设立此栏。①

2.3.2 登记簿②

（1）登记之分散与集中

公文之登记原则上应以机关为单位，但机关之定义亦殊难确定，行政院固一机关也，各部应在其下，省政府固一机关也，各厅应在其下。近省政府虽有合署办公之法，但揆诸事实，各厅、处仍各其独立之机构，行政院下之各部署更无论矣。此所谓机关应以单据一处、备有一机关之完全机构者为主。③ 换言之，即在原则上，院下之各部署，府下之各厅、处所有公文应用一单元之登记。但事实上颇有不然者，如内政部登记公文即系行分司登记之法。若一机关太大，公文繁多，各司分别登记送阅，自亦有便利之点，惟于此即有二问题发生焉：

分司登记之外，是否仍有总登记之举。照内政部之法，大抵先由总登记之后乃分与各司，各司又复登记也。否则来文与内政部者，何以知应分与某司耶？总登记既不可少，分登记即可废。旧法中各司以登记簿为检索公文之工具，故相率重复登记亦未可知。

分司登记，若无总登记于前，则所用登记号码势必各有起讫。全部有若干公文何以统计，亦不易一望而知。虽有主张每司各认占若干号码，而冠以“土”、“民”、“警”等字，然有用有未用，亦难遽得其数目。故仍以一机关一单元登记为妥。

（2）登记之用簿与用卡片

据调查，登记颇有用卡片登记者，其所以然，因未用一文一号之

① 主办处所，复文月日，归档月日，登记方法，典收人，登记人。

② 总收发文簿、案件收发文簿、封面用红色。

③ 分合，簿法，横直行数，纸墨，格式，次序。

法，故时加添，以图方便；以登记记录作种种检查之用，比簿式较便。吾人今须知登记乃记录公文之来去，活动之状况，依时依序记录之已足，无事随时添补何种项目，故以用簿式为便。以图书馆卡片制之，如此其通用，而登记仍用簿式，其故可知也。

（3）登记簿之格式及其项目先后之次序

号数			
文别			
档号			
到文月日			
来文机关或人名			
事由			
分送月月			
发文发出月日			
备考			

图 2-1　内政部之总收文簿格式

登记分收文、发文二种，各用一本登记簿子登记。登记号码每年更换一次。登记簿每本一千号，预先编好。文来时照收文、发文依次登入即得。

登记手续分辑办理，每辑用登记簿一本，为国产毛边纸，红色油

日期	号别	纲别	目别	文别	摘由	附记
九月五日	16003	海军	章制	呈	海部覆海军兵器火药等保管规则附发文第　号	

图 2-2　行政院档案股登记簿之格式

月/日	
机关或姓名	
案由	
附件	
原文字号 部	
原文字号 厅	
档别	
类别	
册次	
号数	
备注	

图 2-3　军政部总务厅档案室登记簿之格式

墨铅印，每面五格。

(4)登记项目之决定

以上各式各有不同，然皆不甚完备。考其中问题，盖因收文项目

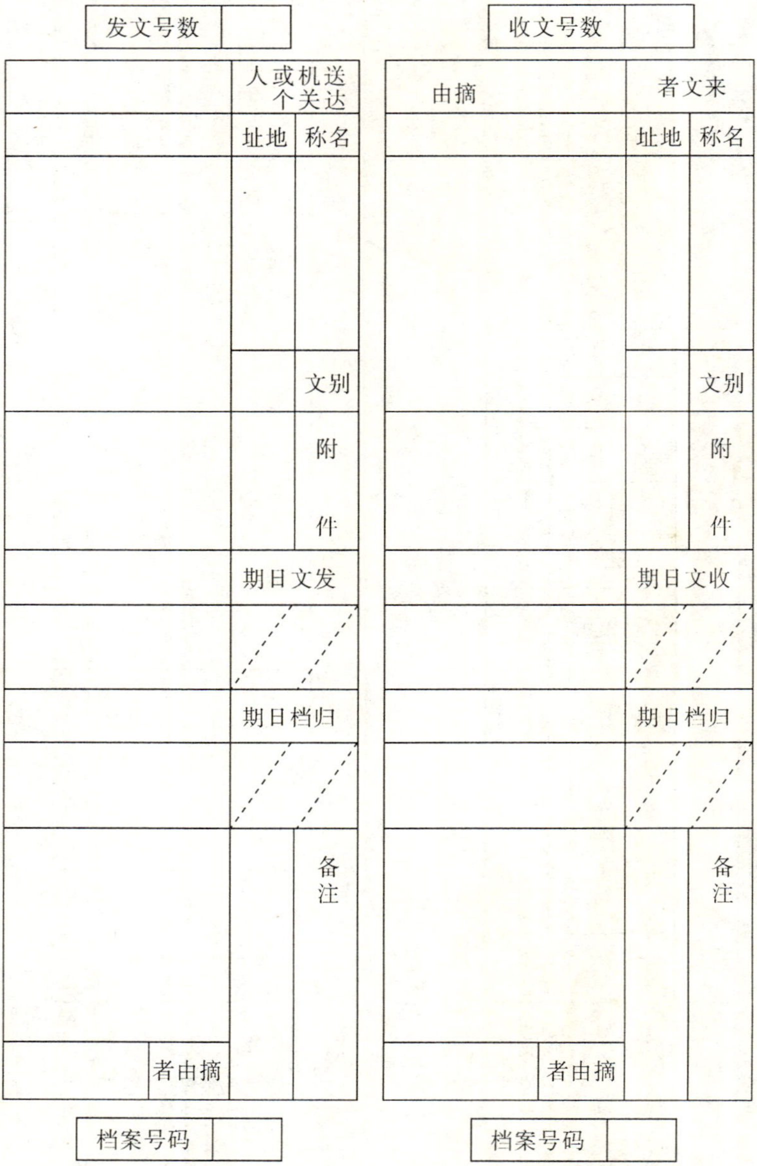

纵201公厘，横65公厘　　纵201公厘，横65公厘

图 2-4　江宁县实验政府收发处登记表册格式

与发文项目微有不同，收发处之登记与档案处之登记项目亦应有不同者。兹总计之，拟定以下各项，依次列之：①登记日期；②登记号数(收文或发文或收发文总数)；③来文或去文之机关；④案由；⑤文别及文号；⑥附件(如有)；⑦收文日期或发文日期；⑧送交何处或何处送来；⑨档号(此项登记时大抵空着，待日后填入，亦有相当用处)；⑩附注。

(5)横行与直列

项目既定，则其首要问题为格式。格式有横行与直行二种。直行为全国所通用，然实不如横行之便利。其次问题则为每号应占若干地位，每页应有若干行。以余之计划，直行可用竹连白纸，每半面五号，每页十号，百页千号。横行可用国产洋纸，每页(上、下页)十五号，百页千五百号，用洋装，视其机关收发文之多少而定厚薄可也。要之，登记簿纸不可太坏，本不可太薄，写时不可潦草，因此簿用时多，纸须坚韧，本太薄则不久一册，检查时不便也。

此外，尚有一问题，即收发处登记之后，将其副张分送各处以资考查，如内政部复写三份，一送秘书处，一送档案处，一送总务室，其法至善。机关小者自可不必，机关大者实极需要。惟复写时，余意不宜即套在登记簿下写。因登记簿用毛笔不能复印，用铅笔殊不便永久之用。横行洋纸簿若能以极硬之钢笔头用力书之，能印得二三份即最善矣(或竟用油印)。

2.3.3 档案之登记

(1)登记之先决问题

(a)收发处之登记与档案处之登记，兹只讨论档案处之登记；(b)收发归档之连锁登记与收发归档之各别登记，兹主张各别登记；(c)收发登记之分散与集中与归档登记之分散与集中；(d)普通文件之登记与秘密文件之登记。

(2)登记簿册之研究

形式：(a)卡片式，兹不主采用；(b)书本式，兹主张采用。

书写：(a)直行式，兹不主采用；(b)横行式，兹主采用。

用纸：(a)用国产洋纸；(b)二十六公分宽，四十六公分长；(c)每面十五行，每册二百页，共三千行；(d)用洋装，布面。

(3)登记之项目及其问题

日期：登记日期(归档日期)，收或发日期；

号数：登记号数与单位，收或发号数(原文号数)；

内容：文别，来去文机关或人物，事由摘要，附件及其数目；

办理者：主办处所(者)，登记者，何处送(来)者，典收者，发文方法(归档日期)，档码，备考。

2.3.4 档案之分类

分类者，将性质相同之物置于一处之谓也。所谓性质相同实含有三种意义：一曰内在的性质相同，二曰外在的性质相同，三曰关系的性质相同是也。凡三者相同，或具其二，或具其一，吾人归纳之于一处，即不失其为一种分类。书籍之分类如是，文件之分类亦然。惟书籍之分类以书籍内容性质为主，文件多以收受管理之范围为主耳。文件少者并可以编目之法处理之，所谓“文件即目录或索引，目录或索引即文件”是也。大抵对于书籍，吾人可就吾人理想之所及，预先规定一种类目以范围之。对于文件，则须视大机关之性质，内部之组织，已有文件或可有文件之内容而后能规定之。一机关因时间不同、地域不同、性质不同，其文件之分类即不能同，若强同之，则必不适用。

(1)分类之原则

姜生(C. Johnson)《档案保管法》(*The Care of Documents and Management of Archrives*)曰：“文件分类重要之点：(a)文件之原群务须保存勿变；(b)在文件之全群未检验以前及其原来关系未了解以前不能遽然确定其分类之系统。”金肯生亦主张档案排列之基础，须足以表明原用此档案之机关在行政上之目的。换言之，即每一足以独立之档案群(respect de fonds)不可任意分离。二氏之所述，多就老档而言，新档在原则上亦未能离乎此。斯铁氏(C. C. Stiles)《爱河华省公档论》亦云：“文件分类之要点在于不失原来行政之组织及合乎行政上之应用，总之以不离 respect de fonds 为主。”案此词创自 1841 年法人德卫勒氏(De Wailly)，原意即尊重原形之谓。德国称为 provenienz prinzip (principal of original)。故斯铁氏分类法要点有五：

①分类法以省下之厅处为主。(The classification is made by departments.)

②每厅处之下再分若干大类或主题。(The documents in each department are divided into main divisions or subjects.)

③每一大类或主题之下再分小类以至足用。(Main divisions or subjects are subdivided until the lowest subdivisions or subjects are needed.)

④每小类或主题下之档案依时序排列。(The documents under each subdivision or subject are arranged in chronological order.)

⑤每小类或主题下之档案既依年代排序矣，每一年内之档案则依字顺排列。(The documents under the subdivision are then, for each year, arranged in alphabetical order.)

斯氏并谓彼之为此，一切图书馆分类法皆不足用。最紧要者为一各机关之组织表及其行政略史，幸有人已有成书，因得据之分类。由此可见，文件之分类，不能凭空臆想，必须根据已有之文件或现行机关之行政组织方得为之。故今不能创立一施诸四海、行之百世之分类系统。仅就各机关之成法，举数事作例而已。

(2)现行机关档案分类举例

(a)内政部

内务部档案依组织分为卫生署、总务司、民政司、统计司、土地司、警政司、礼俗司各司。总档案处所存各档案，亦沿各司分类排列，不强为分合。司下分类，类下分目，卫生署除外，现有六司，一百一十六类，三百四十四目，大抵各以《修正内政部组织法》所赋予之职掌为主，余视情形酌量加减。如第八条谓民政司掌地方行政及经费，地方行政区划，地方官吏之任免及成绩考核，选举，地方自治，征兵及征发，赈灾、救贫，慈善，国籍等事项，故其文件之内容及分类皆不出乎此。其符号则如民政司法规类省法规目即为“民壹 1”。

(b)铁道部

铁道部档案之分类以公文之属，于通行于各路者及单行于一路者与属于内部者对立，形成三大类。各类再分十纲，三者名称完全一致：①任免；②法规；③经济；④教育；⑤劳工；⑥建筑；⑦业务；⑧党务；⑨国务；⑩总务。纲下再各分目，目可随时增加，各纲下皆有杂件目，以备放不重要之文件。

(c)实业部

依组织分七司一署。司署下或再依职掌分，或依性质分。如总务司分任免、会议、航空、军政、邮电、甄叙、审查、考试、行政、禁烟、国际调查、省县治等类。其下或依性质，或依机关，或依地方再分。

(d)教育部

分高等教育、普通教育、社会教育、蒙藏教育、总务、机要、法令七类。前五类文件皆属于各该司职掌者，机要类为秘书处，总务类为参事处之文件。类之下分目，目有依科之职掌分者，亦有依其他特征分者。目下再依事分，每事依次得一号码。事之多者，复分小号，以天干表之。如“普小 4 甲”为普通教育类—小学教育目—第四号小学课程标准—甲课程标准草案。

(e)行政院

分类以职掌为根据，共十六纲，行政院所属各部会各为一纲，省市行政院亦各为一纲，不属各部会、省、市及行政院各纲者则入杂件。纲之下依性质分目，目之下分类。

(f)兰溪实验县政府

近见该县档案分类表，则全依图书分类表之法组织之。如 500 为教育，501 教育计划，510 教育行政，520 教育经费，530 学校教育，540 社会教育，550 宗教伦理教育，560 研究设计，570 推广辅导，580 师资训练，590 报告，541 民众教育馆，542 民众学校，543 识字运动，544 图书馆，545 博物馆、公园，546 成人教育、家庭教育，547 职业教育，548 康乐教育，549 其他社教活动。其下再酌量细分，至足为止。

(g)省政府档案之分类

湖北省政府档案之分类：①秘书处；②民政厅；③财政厅；④建设厅；⑤教育厅；⑥保安处。

市政府档案之分类，汉口市政府：……

县政府档案之分类，武昌县：①总字档案；②民字档案；③财字档案；④教字档案；⑤建字档案。

由以上数例，兹可以定文件分类之法，宜分为若干级，如门—类—纲—目或部类—门—纲—目(王文山行政院草稿用)。门以一机关内之组织为主，类—纲—目以文件之性质为主。以为四级太多者可用二级如门—类，或三级如门—类—纲以备将来扩充。目，普通即案名。目下再有同件甚多者，加小数细分或可再依时代、地域、事件、人物、性质等分。除时代外，均可依字顺排之。或统依字顺排之。至于分类之要件：①须系统清晰而前后顺次含有相当之意义；②须含伸缩性；③须用简易符号以便书写与记忆。

(3)分类符号

分类之代表，照现在情形观之，有种种之不同。

(a)纯用字代者

①用全字如土地司、法规、省法规、江苏省、镇江县、二十一年度

②土法省镇二十一

③天甲子二十一或 AAAA21

(b)用字与数者

①土壹 11121 或土法省 1121 或$\frac{\text{土壹 1}}{11.21}$

②AAA11.21

(c)纯用数字者

如 532.41 为教育—学校教育—中等学校—训育—训育规程。

按以上各法，(a)①太不方便，(a)②可用但其字本身无排列之次序，(a)③有排列次序但或不能显示其代表物之性质，或不便于国人；(b)①有用之者，如不用(c)则亦唯有此法，(b)②在某种情形之

下可用，因其本身有排列之次序，即美国国会图书馆法也，(c)为今日图书分类法之最通行者，其中又分用十进制与不用十进制两种。①

(4)公文分类应注意之点

公文分类与书籍不同，书籍其书本身即算完毕，而公文则须视其前后关系、各件之性质而定其本身之性质。故公文分类第一须勤查成案；第二须料其将来之发展；第三不能分得太细，免致日后同案案情变化，非细目所能包；第四不能完全以内容性质为标准，须视一事件之主要目的如何及其前因后果而定。

(5)附：本校②文件分类原则

①本校一切文件依体分为若干大类，各类以一罗马字母代之。公文仅为其中之一类，以 D 代之。

②公文类复依义分为若干次类，各类又以一罗马字代之，如课程 C，毕业 G，军事训练 M 等。

③此时暂分至二级为止，次类下如尚须分小类可再分之，小类下如尚须分案卷者，可再分之。惟除须用时间分法及地域分法者外，一律依其小类或案卷名称之字顺排列之，暂不给出符号。

2.3.5 编目

编卷分类之后即行编目。但分类表无论如何详细，决不能每一公文有一不同之号码。换言之，每一小类之下必有若干件公文。此所谓若干件，又有事件性质虽同而事件彼此不同者，又必有同一事件前后之各文不同者。于此，在未编目索引以前，吾人必须先作一番整理其同、区分其异之工作。所谓整理其同，即须将同一事件之各文，收集于一起，或依时间之先后，或依其他之关系排列之、订夹之。同时并就其全部内容性质而赋予一总名称，普通谓之卷名，实即图书之书名，无非由编目者所加之书名而已。其文件之不重要，或其件数不多，或时间未到者，暂置于该小类下杂件一名之中，以待他日变化后

① 折中办法：凡在检查排列处应只写符号；凡在文字说明处可写文字。

② 即“武昌文华图书馆学专科学校”。编者注。

之处理。经过此番整理后，于是此小类中皆为有名之物矣。杂件亦一名也。今之问题为：此有名之各物，应依何种秩序排列于此小类之中耶？普通之法系依编制之先后而在该小类下以“1、2、3、4……”之数目依次排列之，是谓卷号。此法与吾人之对于同类之图书，依到馆编目之先后即登记号码(即书号)排列无异。杂件或暂不给数，或即入于“0”数。此法在同类中案件少者尚无不便，若多至数千卷者，则其数太长。且此各件中性质比较相似者不能相邻。若觉该类文件太多，须另分成数类时，其原有次序数目即不合用，一加改号，四处牵动甚多。余以分类不细或每公文数量甚大之机关，仍宜仿图书书码(即著者号码)办法，以为区分。不过不以著者之名为据，而以卷名之首字为据。如“宝山路工程卷 231 P45”，则将来归“231.5”仍是“P45”，且所有“宝”字起者皆相邻接也。文件少者仍以用前法为便也。类号及卷号既定，则须编制文件之目录或索引。文件既分类，其本身之排列自是分类而行，而主要目录亦是分类目录。知其类者，固可检查，不知其类而只知其他条件者，则困难至矣。于是须备各种目录，以供应用。吾人对于一文件群究应作若干种索引方足应用耶？因需要不同，自然供给亦异。

2.3.6 制目①

(1)目录之种类

目录之应写为簿式抑应为片式，每种目录之详略及应具之款目，兹暂不论。兹惟论应有何种目录。欲定何种目录，又须问有何种需要。今有人于此问管理档案人，曰：

(a)吾知吾所欲寻之件在某类目中，其他不知也。是必作文件分类目录以应之。

(b)吾知吾所欲寻之件为某机关或个人所发来，或系发与某机关或个人者，其他不知也。是必作文件来源目录或文件去路目录以应之。

---

① 此处应加论订卷及档卷中细目事。

(c)吾知吾所欲寻之件之卷目名称，其他不知也。是必作卷名目录(卷名目录等于书名或标题名)以应之。

(d)吾知吾所欲寻之件发生某时期，其他不知也。是必作收发文时期目录以应之。

(e)吾知吾所欲寻之件之收发文号数，其他不知也。是必作收发文号数目录以应之。

(f)吾知吾所欲寻之件系某种公文(如呈令函等)，其他不知也。是必作收发文分类目录(王文山称为档案目录)以应之。

(g)吾知吾所欲求之件与某人或某地或某事有关，其他不知也。是必作人名、地名或事名目录以应之。

以上各种目录，如人力及时间充裕，均可编制，以供应用。如时间及人力不足，则第一为作分类目录。档案依分类放置为基本放法，故分类目录亦为基本目录。依标题字顺排放，虽不失为现今之一种流行而可用之法，但究系暂时对于档件不多之办法。惟余所谓分类目录虽大致与档架目录相同，但非完全之档架目录。其中可有互著、别裁及参照诸事也。第二则须作各种要名目录，余所谓要名目录，即指重要之机关名、人名及卷名，其余可不必皆作。来源目录看似重要，实则不然。来文少者尚可将来文列于其名称之下，若直属之上或之下机关则不免时以万计，作之其功用甚小，其下仍须用他种方法寻求方能得之。收发文号数目录及时期目录看似不重要，然在文件中前后时有提引，亦为寻求文件重要线索之一。惟不必特作目录。时期目录可参考收发文簿得号数，再由号得档号。文号与档号可用简明之法作一文号档号对照片，每片可写一百号，百片即可写万号。①

至于只能记忆文件之文别，而其他条件毫不知之者，其事少，故无须作此种目录，即使作就，每别之下，文件多者又动或千万，仍须仰赖其他条件方能寻检。此种目录可供文别统计之用，惟专为统计之用，可用其他方法算得之，亦不必专为此而作。

(2)书本式与卡片式目录

① 来文或去文之档号对照表可仿此为之。(教育部有)

书本式与卡片式目录相较，各有利弊，环境不同，其利弊之程度亦异。机关中之档案目录，外人之来检查者甚少，不外处理文书之人员或该机关之长官，及管理档案之人员。以实况而论，处理文书之人员或长官，未必亲身到档案处查阅，往往书其所能记忆之点，由档案处人员代为查检。故档案目录实际上仍是管理档案者应用之时为多。故余以为档案处之目录，除书本式之登记簿外，正式之目录应为分类目录，其形式宜为书本式或准书本者(意即指活叶目录)；便于自由携动者，以供管档者以外之人主要之用。有力时再编一卡片分类目录为要名目录，其形式宜为卡片式者，各依字顺排列，以供管档之人检查之用。①

至于编制之时，要名卡片目录可先编，次编分类目录。分类目录暂分两种，一种为固定之书本分类目录，一种为活叶之书本分类目录。凡较老之公文，或已告一段落者，如某年至某年者，宜编为固定之书本分类目录。年代再久又可酌量将各段落分开者，汇叶成总分类目录。凡最近之文件，譬如最近数年者，宜编为活叶之书本目录。每册不宜太厚，一则不便翻阅，一则不便分翻。视内容之多少而定每门或每类或每纲为一册。每一最小细类与其他一细类分开，以随时增加新件。②

(3)编目之手续及应著录之项目

①将每件公文分类于一定之地位，著出分类号码，无论为字或为数。余主张于档案归档正式登记之后方始分类。所有于收发时预为分类或拟稿办理时分类等法，利不掩弊，皆不取。

②将能专立卷者立卷，不能单独立卷者，置于该类下一定之地位。

③立卷、订夹、起名之后，于卷面书卷名，卷面或卷面内著该卷中所含各件之内容，此等于一书之细目。

---

① 原文于“分类目录”前标“(1)”，于“要名目录”前标“(2)”。编者注。

② 行政院有档案汇编，每年一次为分类目录，先为活叶编写，装册，布面，精装，烫金作为材料管存之记录。日常分类调卷之用甚少。

④定卷号、册数。依类号、卷号排于档中。

⑤作卡片要名目录。各依片首字顺排列于箱中。

⑥填著活叶书本分类目录。

(4)项目及格式①

(a)分类目录

A. 汇编分类目录

此可仿行政院之办法每年汇编一次。既为汇编，则其时代必已距现在较远，案件必已完结，编辑者有充分添补移顺次序之机会，故可将每卷中所含之文件列出，一一列于该卷之下，并可多加内容之参照。

B. 现用分类目录

此目录应作活叶目录。其办法每小类目各不相连，以便添加。此中最重要之问题为：每卷只著录一次，抑每单个之文件均一一为之著录耶？其办法各处颇不一致，大别之略有二法：

①在目录中每卷著录一次，无论该卷中现有若干件或续来若干件，均不过问。唯将各件之名目一一详列于各卷之卷面中，作为目次。此法手续颇简单，但于目录中不知每卷内容如何，其案情发展如何，且单个文件于目中不能查出。此法今日行之者最多。

②文件分类后，以件为单位，依到室时间之先后登入分类簿中。新案则依次给一号码，有旧案之件则不给号码，而于备注中，注上旧案号码(此等于丛书分析目录之入分类目录者然)，文件则仍入旧卷。此法较前法略有进步，因于目录中既可查得各单件，又可知某卷内全部之案件。唯此法手续较繁，卷面中之目录亦不可省，目录中著录条款增多，检查增加困难，每卷中之各件前后可相差甚远，亦难得综合之印象，然总较前法为优也。军政部档案处即行此法。

C. 格式及项目

吾人检查目录，目的在于考其藏于何处，故档号居第一。事由包含机关、文情、文别三项，合并言之，辞理意顺，该件之内容之

① (a)分类目录；(b)卡片分类目录。

要点，胥在于是，居第二。文号及收发时期可资考据，故依次列之。立格式为中国旧法，较合习惯；横格式写数目符号时较为方便。

档数		四四四	号数
事由		某机关呈请某某事	
文号	收文号	一三五六	
	发文号	二四六八	
附件及存号			
附记			

图 2-5　立格式

档号	事　　由	文号		时期		附件及存号	附记
		收	发	收	发		
某某字 某某号	某机关为某某文（呈） 某某事或函（复）某机 关（或个人）某某事	1356	2468	24,3,7	23,3,7	2存某处	

图 2-6　横格式

所用簿册每页普通均作五行，每页十行便于统算。因恐事由文字甚多，故大抵一行总占普通文字两行之地。如字体较小，每页能容十行，则簿册积量可以减少，检阅时一目亦多览数行。所印格线以较深之红蓝二色为宜。所用纸张无论中纸、洋纸，总以坚韧耐用及国产者为宜。

(b)卡片分类目录

卡片分类目录编制之法，原理与书本分类目录相同，惟书写格式略有不同。较之活叶分类目录更为自由，可以随时增加新来文件之项目。其形式亦有多种。

<table>
<tr><td>案名</td><td colspan="4"></td></tr>
<tr><td>日期</td><td>年　月　日起</td><td>年　月　日止</td><td rowspan="3"></td><td rowspan="3">备考</td></tr>
<tr><td></td><td>司</td><td>类</td></tr>
<tr><td>移存</td><td colspan="2">总案室</td></tr>
</table>

图 2-7　内政部档案室所用卡片分类目录样式

其分类卡片系依各司分类排列，卡片屉外标明何司，用指引卡标明类目。卡片著录有司类而无目及卷数，不能直接用以调卷。

目录以件为单位，此为收文卡，红色。第一行写来文机关，第二行写“禹收”二字，意即民国二十三年第一科收文，第三、四行为分

关务署函
禹收4432号
归禹关卷
第二三号第一宗
送本年七月份全国海关税钞及救灾附加
税收入数目统表

图 2-8　财政部会计司分类目录卡片样式

类号及卷号，第五行为摘由。发文卡片为白色，形式如下①：

以上各样式皆有缺点，兹特拟定一式样如下：

①以文件一件为单位，不以卷为单位，盖卡片尽可按照档码自由移动也。

②不用印定字句之卡片，以便有自由伸缩之余地。

③收发文各举一例。

④排列方法

排列之时，先依大类，再依小类，再依卷号，每卷有数册或数封者依册封号，再依册封之件号或收发号排。

以上为分类卡片目录，此外尚可作其他辅助卡片目录，如内政部卫生署档案室有作三种辅助目录，一为依机关名称笔画多少排列之户名片；一为依笔画排列之人名片；一为按收到日期排列之收文片。今惟作要名卡片目录一种以补分类目录之不足。所谓要名目录，包含来去文机关名或个人名，文件中所提到之重要地名或以此为记忆目标之

① 天头原注：1 2 3 4 5 科；廿一年 东南西北中；廿二年 温良恭俭让；廿三年 禹皋益契稷。此为计数法，禹、皋、益、契、稷为舜之五臣。编者注。

函国库司
皋发3455号
归皋本卷
第十一号第一宗
送顾问办事处廿三年十月份经费请款书
请提前签发

图 2-9　发文卡片举例

处所及事由	

收文　　　　号	
年　月　日	

档案号码			
类	目	卷	件

图 2-10　内政部卫生署档案室分类目录格式

人、地、事名而他项条目中未常一见者，小类下之卷名等。所有各种卡片，有分开排列者，有混合排列者，兹悉混合依字顺排列之。至于排列指导之法，容后论之。

来文机关或个人为主之片。此种片须择其名称特殊或来文少者作之，太多者将不以之为记忆之目标。

去文机关或个人为主之片，采择与来文不同。

	档码 类目卷册		收5168
来文	机关名或个人名（呈或函或令） 为某某事 23年3月20日收，原号6178		
附件	某某数件（藏于何处之档码）		

图2-11 收文片(依档码排)

	档码 类目卷册		发7189
去文	机关或个人（呈函令） 为某某事 23年3月20日发，原号1385		
附件	某某数件（档码）		

图2-12 发文片(依档码排)

档码	收文号
来文机关或个人（令函呈） 为某某事	

图2-13 来文机关或个人为主之片

按档案本身排列之法，分类排列法不过其中之一种。此外如照名字字顺排列或标题字排列，均有行之者。此不论，于“立排法”章节中详述之。

档码	收文号
去文机关或个人（令函呈）	
为某某事	

图 2-14　去文机关或个人为主之片

档码	收文号
重要之人地事名	
来去文之机关或个人（函令呈）	
为某某事	

图 2-15　文件中之重要人地事名为主之片

卷名
来去文之机关或个人（呈令函）
为某某事

图 2-16　卷名片

2.3.7　典藏

兹将档案典藏分为档案本身之典藏及卡片之排列二节论之。而档案立排之法不与焉。

（1）档案本身之典藏

兹假定档案之级位为类—目—宗—卷—件五等。类与目中所包含之文件应甚多，大抵不用特殊之物夹之订之裹之。其表示之法，或用标签，或用导板，或以档架之橱格表示之已足。宗则卷之集合，卷则件之集合。今日各处通行之法，大抵以同一事由之收文、发文及其附件汇订为一件，以同一案中之收文、发文汇订为一卷，以同性质之卷汇藏于卷宗夹内为一宗。惟汇订之方法，所用之材料与形式各有不同。

(a)卷面

每卷之上，普通附一卷面，注明该卷内容。卷面材料有用白色卡片纸者，有用中国连史内裱报纸者。订时有用铜钉者、铁丝者、丝线者。普通以散纸订最为经济而灵活通行。卷面上或卷面内有印种种不同之格式者。

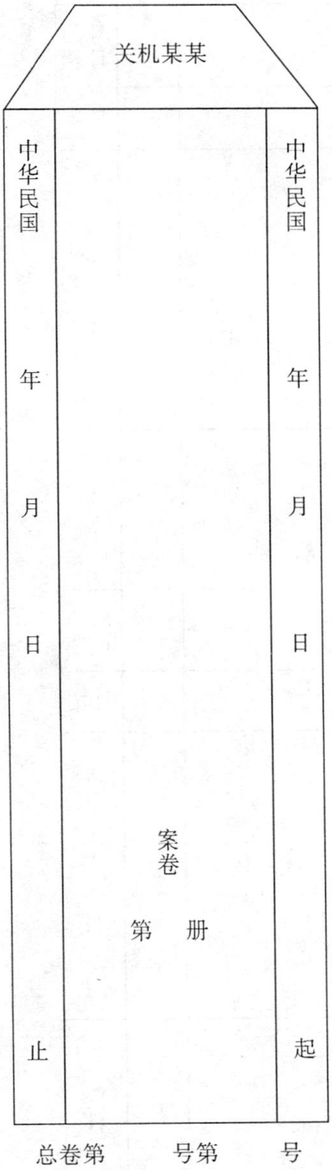

图 2-17 旧用卷面式

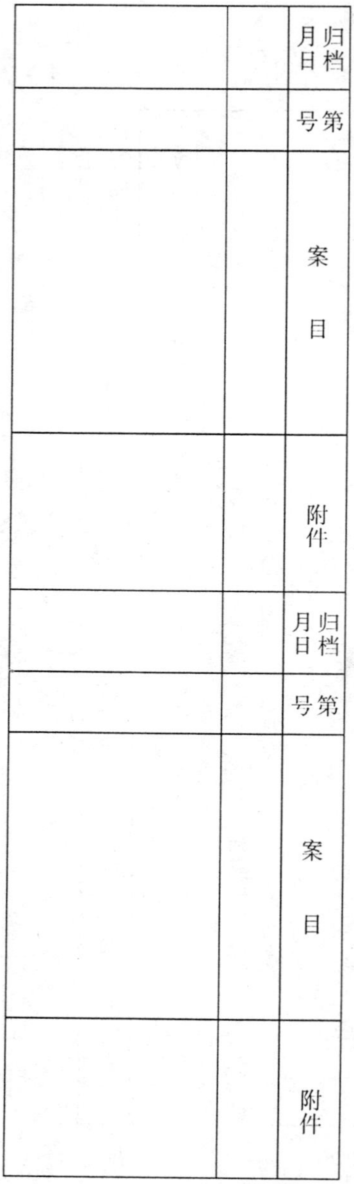

图 2-18 卷面背面卷目式

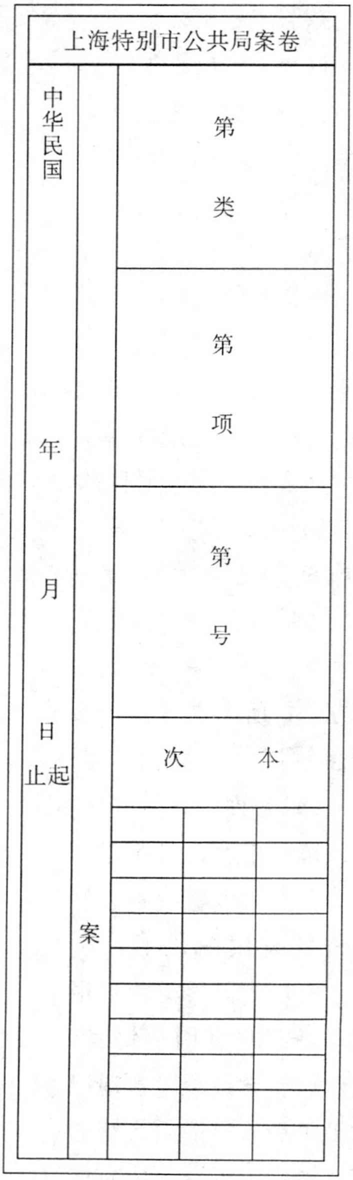

图 2-19 上海公用局卷面式

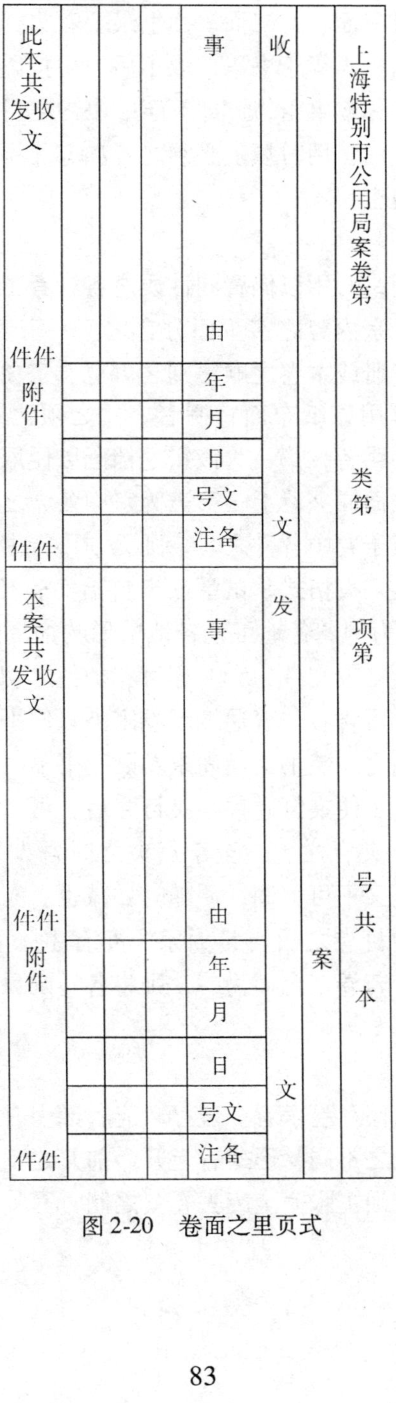
上海特别市公用局案卷第
类第
项第
号共
本
收文
发文
案
事由
年
月
日
文号
备注
此本共收文件
发文件
附件
件
本案共收文件
发文件
附件
件

图 2-20　卷面之里页式

要之，卷面可有面、背二面。面上最要者为档码及卷名，卷名等于一书之书名，而档码等于书码，取出后方可按码归还。背面上最要者为卷中各件之名称或事由，此即等于一书内之目次也。格式项目不宜过繁，即完全空白，用时填上必须之各项亦无不可，格式项目太多反拘束而致不美观也。

(b)卷宗夹

卷宗夹之功用，乃用以储置同性质之各卷者也。一宗一夹可，一宗多夹亦可，视一宗内容之多少而分合之。一宗多夹者，宗名悉同，而以第一册或第二册或本卷之顺序别之可也。宗夹有用牛皮纸者，有用数层裱纸者，有用原纸布面特制者，要之须比卷面之材料更为耐久。卷宗上所应书明者，第一为该宗之档码以便取放；第二为该宗之宗名，此应书于夹面或夹背上；第三为宗中各卷之名，此书于夹面或夹面里页均可。至于卷中各件之名，则无须再行书出，因已书于各卷面之里页故也。卷宗夹格式，试举江宁自治实验县政府所用格式(见图 2-21、图 2-22)为例。各地可就各地情形酌加更改以求适用。无论卷面、卷夹，均须略较文件为大，亦可有护件之功用。夹脊处应使其稍宽，内容厚时亦可含容。普通纸制卷宗夹只便平放。内政部近日所用者，与吾人所用之洋装书面而尚未粘贴于书上时之形状同，惟内有牙夹，各穿二孔，足便夹订卷件。夹订之后，可竖立于夹上，而档码及宗名即可书写于夹脊之上。至于订夹之时吾人须注意者，不可太松，防其散佚也；又不可太固，便随时加减也。

按以上之法乃订卷之后再订为宗，亦有主张卷宗之手续合而为一，不必分开者。若卷宗合而为一，则将各卷细目移书于夹面里面可也。

(c)卷盒

卷盒者乃用以储存卷宗者。现存政府各部多有用卷盒者，材料有纸制、木制、洋铁之不同，形式有上开、前开之不同。此皆档架制造之法不佳之故。余则主张完全废去卷盒之制，因其取放之时反增添手续而为赘疣也。

(d)藏卷法

<table>
<tr><td rowspan="3">中华民国</td><td>档码</td><td colspan="2"></td></tr>
<tr><td colspan="3">宗名</td></tr>
<tr><td colspan="3"></td></tr>
<tr><td rowspan="3">平 日 日 立</td><td>本卷宗数</td><td colspan="2">参见他卷宗</td></tr>
<tr><td></td><td>摘要</td><td>档码</td></tr>
<tr><td></td><td colspan="2"></td></tr>
<tr><td colspan="4">纵380公厘
横260公厘
边栏50公厘</td></tr>
</table>

图 2-21　江宁自治实验县政府卷宗 1

余既主张废卷盒之制，则卷宗直接与档架发生关系。卷宗放庋之法大别之有平搁法与立搁法二种。平搁法之次序有自左而右、自上而下者；有自右而左、自上而下者或自上而下、自右而左者。于此法中，余取左右上下之次，以其与吾人今日新式排书之法同①，亦便与档码符号相应也。立搁法中又可分为二种。一为顺立法，此惟用硬纸布面之卷宗夹方可直立。其次序一如洋装书籍立于架上然。一为横立法，将卷宗横立折叠自前向后放之。此则必须于抽斗中或定制盒中方

① 立放(直立，横立)；平放。

江宁自治实验县政府

档案号码		本卷次序	
收 发	文号数	案由或关系者摘要	归档日期
	字		
	字		
	字		
	字		
	字		
	字		
	字		
	字		
	字		
	字		
	字		
参见他卷件	案由或关系者摘要		档案号码

注意：卷边装线非管卷者不得松解

纵290公厘
横120公厘

图 2-22　江宁自治实验县政府卷宗 2

可横立。横放时又有卷口向上和卷脊向上之别：卷口向上于护卷方面较佳；卷脊向上于检查时较便。无论卷口或卷脊向上，在中国文件方面，均是将文件中文字横卧而非顺文字行格置放，设于未取出时一观文件之本身，颇为不便。因之亦有主张将文件横叠者，如此则卷盒或抽斗须横窄直高矣。

(e)附件之藏庋

附件之大小、体积，凡可附入原件者，附入原件。过量者或特别贵重不能附入原件者，得分别藏于他处，标明原件之档码。所谓他处，除如合同、条约、凭照等可置于保险箱中者外，其余只因体积过大不能附入原件及普通档架者，则入特制之档架中。此特制档架，或者分制，或者即于普通档架之最上格或最下格为之均可。凡附件不存于档案处而存于别部分者，原件目录内须由存储处盖章负责。

(f)卷架与卷橱

橱架之材料有铁制与木制二种。铁制耐久避火，固是最好，惟价目甚昂，普通机关未必能置。供普通一般之用，仍以坚实之木料所制者为相宜。至于其形式大小、高低、宽窄、深浅、厚薄，须视所采藏卷之方法而定。

A. 平搁法之档架　兰谿实验县政府程君长源所定档架之尺寸，系依档卷大小为标准所规定，颇合应用。惟各机关所用卷夹大小往往不同，照此尺寸或加或减可也。

①档架高 222 公分，脚位离地面 20 公分，内分 7 格。最高格 31 公分，其余 6 格各为 25 公分，每格 3 公分格位，共 21 公分，合共 222 公分。

②架阔 100 公分，可排卷宗 4 格。

③穿身 34 公分，刚能容纳一卷宗之长度。

④最高格藏较大之附件，其余每架面有 24 格，双面架有 48 格。

⑤视卷房面积之大小而作单面架或双面架。

平搁法用屉不便，故不讨论。

B. 立搁法之橱架①

①顺立搁法架

架高　公分，脚离地面　公分。内分　格，最高格或最低格　公分，每格板厚　公分，共　公分，合共　公分。每格之高恰能容卷宗之高。架阔　公分，设每卷夹平均厚　公分，可排　卷，全架可排　卷。穿身　公分，恰能容纳卷宗之宽。最高格或最低格可藏附件。附件少者，可用为藏普通卷宗之用。每三四架中，用一架之最高格或最低格以置附件可也。

②横立搁法橱

橱高　公分，内分　抽屉。每屉高　公分，宽　公分，深　公分，屉内边高　公分，恰能容卷宗横立于中而四围略有余。

③直立搁法

橱高　公分，内含　抽屉。每屉高　公分，宽　公分，深　公分，内边高　公分。每屉内直分为二部分，可直立卷宗二行。

C. 橱架之安置及档案室

档案室，目下不能求其华丽，第一须光线充足，第二须空气流通，第三须上下干净，第四须略远于易招水、招火之地。橱架在档案室中之安置有靠墙法与贯通法之分，一面架可靠墙，双面架则贯通。须与有窗之墙成直角安置。架与架之间之距离，至少须　公分，橱则须　公分②，深橱甚深，抽出之后颇占空间也。陈年老档如无充分地方安置橱架，可置于架顶架与橱顶橱中，用便梯取放可也。地下太湿者，可于架下铺石灰；室中多虫者，可于橱架间多置樟脑丸。药沫灭火机能置备数架最佳。

(g)标签与导片

平搁者，宜于每夹之地脚处贴一标签，标明每夹之简名以便检取。惟每夹并不甚厚，若标签贴于每夹之同一地位，易于彼此遮蔽，宜作梯形式之粘贴。标签不宜太大，其上不宜多书字。大类于架面格

① 此处原稿中未填写具体数值。编者注。

② 此二处原稿中未填写具体数值。编者注。

位上可以表示，标签上书明最低级之号码、数字或名字可也。顺立搁法，可直书于夹背，无须另备标签；横立搁法，则可于封套之上端突出处标每封之名。此外则可用各种分法及各种名气之导片以标较小之类目。橱外标签可书较大之类目。导法之种类及用法另于“立排章”中详述之。

(h)目录之存放及排列

书本目录若惟一二者，则随便放置，均无问题。若集有数十册之多，若单个平放则太占地位，若集叠堆放则检取不便。可用层式敞柜，若放留声机片之柜然。依号放入，取放均便。卡片目录自以置于卡片箱中为便。有分排者，如分类目录、名字目录，分别储放。有混合排列者，各有利弊。而卡片之排列，其中有二事极关重要：一为检字法，一为导片法。检字法详“检字章”中，导片有导字顺者，有导内容者，限以方位，杂以颜色。要之，使人一见而易得所求者为上。

2.3.8 出纳

(1)借法

(a)借档责任

档案不若书籍出纳之频繁，亦未必均公开准人阅览，至少新档未必公开阅览。然行政者办理案件之时往往须借档参考亦是常有之事，故出纳之事亦不可免。普通称为调卷。借档之事，一是责任，一是方法。管理档案之责任，较管理图书之责任为大。损失图书者大半尚可添购，损失档案者，不但不能复得，且易发生其他问题。故凡欲向档案室借档者，须得主管长官之书面证明单向档案室登记，方能借档。若不用个人名义，而用秘书厅、秘书处、某某室名义者，亦须其正式印据，或者某种资格以上之人只须自己之签名或盖章，某种资格以下之人须其上官之证明单可依其机关之规定为之。

(b)借档方法

借档者登记册须有以下之项目：①登记号数；②借档者；③职务；④证明人及证单号数；⑤登记年月；⑥备考。登记之后方能借档。至于借档手续，有各种不同之方法，亦如图书出纳法之各有不同。

登记之后，立一借档证。格式如：

借档者		
登记号数		
卷码	借期	还期

图 2-23　借档证

置于借档处，依借档者字顺排列之。

先由借档者依据目录填写借档单，交管档人检取。如无相当之目录可查，或上级官不愿麻烦者，则管档人可据其所要为之代填。格式如：

卷码	
发文者	
卷　　由	
年　月　日　借档者　盖章	

图 2-24　借档单

每单写一卷，以卷码次序排列，同时查检借档证填卷码借期。此可知某人借何档，某档何人借，但尚不知某人所借之档业已到期。若能于每夹内作一档包，装一档片，依日期排列，则可知某人所借之档业已到期矣。否则填借档单时，由借档者或管档者多填一副张为此之用亦可也。

亦有不用借档证，只用借档单二张，一置档包内（此假定档夹不借出）或依档码排，一依日期排。然此不能知某人借去何档，亦不完备也。

（c）利用法

A. 借档日期

普通以三日为期，因为一卷有三日之时间足以为参考也。特殊情形可预先声明或续借。

B. 离职之人

凡离职之人应由主管长官通知档案室，检查有借档未归还者否，以便索取。

(2)还档

档案归还后，须将各项借据核销，或检还其借档单。同时核查档案本身是否完善如初，妥慎按序归还原处。

(3)遗失问题

档案之遗失、损毁当不常见，但如万一发现，即须加以补救。凡报告长官、惩治失者固为必作之事，但此尚是消极方面之事。最要紧者，为须立即将此失去之件，或各件之件名，及其中尽量尚能记忆之内容，由各方面长官、用档者、管档者及其他各种记录上之所详细记载，分别用一定之纸张记载下来，再由当时之最高长官签字说明原件失落之故及补记之因等，重新依类入藏。原件已失，而大概内容仍可得知焉。毁损部分照此办理。

2.3.9　移存

移存者，将过时或不常用之文件，移置于一地方储藏之，以节省地位、设备、人工者也。移存之法普通可分：

(1)按时法

按照一定之时期，如一年一次或两次，自现档橱架中移去过时或不常用之文件。其施行之时，有三种不同之形式：

(a)一期法

将所有现档依照规定之时间，如每年一次或两次，一起完全移并，置于旧档之中，而新档重新起始。此种移存之法，手续固甚简洁，但在甫移后之一时期中，其随参用旧档之时，实与现档无异。

(b)二期法

假如应用四橱之柜或四格之架，则上二橱或格储现档，下二橱或格储前期所移存之档。依据一定之时期，如一年或半年，将下二橱或格储之档移于老档储藏处，将现档自上橱格移于下橱格，而上橱格之新档重新起始。此法又有呼之为双储法或轮移法者，以其系将最近应用之两期档件合置分放而已。

(c)限期法

于排放文件之时即规定各文件在现档中应占若干长久之时间，移档时即视此时间之到否以为去留。例如每六月移档一次，则对于一年与十八月者，第一次均不移，第二次移一年者，第三次移十八月者。移出之档，依次加于老档之中，或分期另置。

(2)永久法

审定某卷某件已过时或无用者而移去之。此法最为合理，然欲逐件加以适当之审定，至为不易。暂觉无用而将来实甚有用者，亦往往有之。惟若行之于有时间性之文件大抵无误。

此外，移存之时尚有须注意者：

①移档之后，有空封套或卷夹者应取出；

②移档之法，不能因某柜某夹过挤，而多加移去；

③若为二期法，须备两副导片与封套卷夹等用具；

④移存之橱架，宜用单个式者，以便随时添放。

2.3.10 销毁之原因

旧时档案因人事之未尽，及自然之淘汰，存在于今日者不多。而近世档案与将来之档案因为之之易，交换之勤，事务之繁，情况之杂，机关之众，于是一日一月之档案，足抵从前数十年来之体积而有余。管理保存皆多窒碍，因是有销毁之法也。

(1)销毁之理论

吾人选取档案销毁，究应依据何种标准耶？普通莫不曰：“有用者存储，无用者销毁，或有价值者存储，无价值者销毁。”然此所谓“用”与“价值”究应以何种人之眼光而判断此用与价值为合理耶？自行政家之眼光论，凡于行政事务上有用者留之，无用者毁之；自历史家之眼光论，凡具历史上之价值之及与后世之人有关系者留之，否则毁之。此就观察者不同言之。若就古代传下之老档与近世档案言之，则老档应以历史性为主，近档应以效用性为主；若就古今之销毁情形言之，则古时之销毁，大抵以效用性为主，今世之销毁则无有不顾及历史性者。

(2)销毁之责任

老档大抵宜合档案管理者、历史家及行政者三方面，组一销毁委员会以定夺之。近档仍以行政者之自行选择为妥。

(3)销毁之方法

应先由管档者列目呈请主管长官核办，但必须设一销毁登记簿，以备日后查考。其中应列明：①卷码；②发文者；③按由；④藏卷年月；⑤销毁年月；⑥数量；⑦销毁经手人；⑧长官盖章；⑨备考各项。

(4)选毁之原则

第一，销毁有重本者。惟重本之意义颇难决定，有文字绝对相同者，有仅大意相同者。当以逐字逐句相同者为是，但校核之费不大于保存费耶？第二，销毁过时者。军政部之档案登记分编之时，即分为永久、十年、三年、一年各档。兹举其各种之目，以见存毁之消息。

(a)十年及永久卷

经费、文书、会议、印信、休假、铨叙、服章、测量、交通、法律、财政、内政、实业、外交、教育、振务、考试、立法、监察、缉逃、旗帜、卫生、恤赏、考绩、约法、党务、官规、典礼、历届大会决议案、官职、禁烟、考绩、留学。

(b)三年卷

任免、调派、恤赏、考绩、统计表册、典礼、控诉、调查、惩戒、缉逃、报告、计划、护照、执照、证明书、租照、营产、薪津、旅费、粮服、军用品、马疋、文书、经费、就职、图书、杂件。

(c)一年卷

证章、车证、城门证、印电纸、护照、阵亡、灵柩、证明书、请假、出差、车船票、密电码本、演习枪炮射击、迁移、地址、人员、部队、调派勤务、住址姓名表、欢迎、参加纪念派员、下旗志哀、捐助经费、特项电报费、图书。

兰谿县政府《整理教育部分档案的尝试》有云：教育档案最要紧的，要算呈请立案，附送经费来源所据的卷宗，此项卷宗应不拘年限，永远保存。次要的如刊发校钤、校长备案的毕业生存根等，此项卷宗，也该看情形如何，保留相当年限。不甚重要的，如各县教育局长函知接钤、视事、辅导会议、各中学生请证明家境贫寒等，在五年以后就可取消。

Lee Galloway 之 *Office Management* 第 169 页讨论对于业经稳存之档再保存之年限，云：

①普通信札——二至五年；

②内部之相往来之信札——一年；

③发单清单——三年；

④合同收据——七年；

⑤信用报告及材料——永久保存。

(5)销毁方式

①火焚；②卖于造纸厂及旧书铺；③卖于私人；④移转于其他团体或机关听其处置；⑤埋于地下。

(6)附：《庸书·则例篇》(陈次亮)(《西政丛书》第四册)

则例者，治之具也。所以纲纪万事，整齐而约束之，以措一世于治平者也。有案焉，其与则理有所未安，情有所未协，事与势有所不同，诸臣审量其间，随时斟酌奏定遵行者也。

本朝……六曹积牍，充栋汗牛，则例一也。而案之歧出者，少或二三，多且什百焉。曹司迫隘，无地可容，黠吏乃择其出入之大者，携而归之，籍而记箧而藏之。虽才俊之士，白首为郎，不能举某例之外，尚有若干成案也。司员如传舍书吏，无去来，一事也例应驳，书吏受贿，无难觅一可准之案以实之；一事也例应准，书吏索贿未遂，无难觅一可驳之案以倾之。即官长精敏过人，不能悉如其意，则不准不驳，改为行查，辗转迁延，永无了日。况案外有案，歧而又歧，若辈动以谕旨为辞，以阴肆其要挟贪婪之计，持之有故，言之成理，堂司不得不屈己而从之，欲壑既盈，驳诘乃已。师徒授受，本固根深，谚曰："书吏之权重于宰相。"非虚言也。即或事后觉察，而彼已远扬，即使密与拘囚而事止徒杖，且有与受同科之律，以箝制诸人，觅左证而无从，欲严办而不得。外吏深窥其隐，故每岁有馈赠以保平安，每事又陋规以省案牍，甚或预请其意旨，先授以章疏，狼狈为奸，营私枉法。……

谓宜通饬六部堂，官博选贤能，增修则例。则例而外荟萃各案为例案，折中一书，以例为纲，以案为目。与例同者去之，虽不同，无大出入者亦去之，其必存者，别类分门，附载于后，毋须详备，惟取简明。书成后，请旨颁，限期截止，所有积案，一火焚之。自内府各曹司以迄京外大小衙门各存一部，或准或驳，并依则例及此书，书所未有者，随时奏定。续存援案，或始藏之而后出之者，杀无赦。

3　官书篇

3.1　官书及有关概念

官署案卷，清初称为档子，内阁有满汉档子房。档子之意义，杨宾《柳边纪略》云："案《说文》：几属，盖为人所凭依，故转①为凡可以依据之物皆称为案。档则以此案为庋置于框档木架之上也。"

档，音党。《辞通》："案：安也，按也。"《中华大字典》："今例案曰档案，以度导卷于档之名。"

古书用案字者多"案治""案理""案考""案察""案验""案据"连用，故案字有治理、察验、考据等义。其详见《辞通》所引"案治""案理""桉察""桉据"。②

案考也。《后汉书·鲁恭传》："决狱案考。"又《钟离意传》："府下记案考之。"

案验也。如《汉书·平帝纪》："皆勿案验。"又《息夫躬传》："下有司案验。"又《丙吉传》："终无所案验。"又《党锢贾彪传》："案验其罪。"

《康熙字典》："档，《玉篇》木牀也。"又《类篇》："横木框，档。"《辞源》："档，今称例案曰档案。"档案，"边外文字，多书于木，往来传递，曰牌子，以削木若牌也。存贮年久者曰档案，曰档子，以积累多，贯皮条挂壁若档故也。然今文字之书于纸者，亦呼曰牌子、档

---

① 引申。

② 桉、按、案音义同。

子矣”，以此见《柳边纪略》。

《康熙字典》案引《正字通》：“凡官府兴除成例及狱讼论定者，皆曰案。《辞源》案牍，官中文书也。”

文书，《后汉书·光武帝纪》：“诛王郎，收文书，得吏人与郎交关谤毁者数千章。”据《后汉书·百官志》，尚书令“掌凡选署及奏下尚书文书众事”，左右丞“掌录文书、期会”，侍郎“主作文书起草”。《三国志·赵俨传》：“或报曰：‘辄白曹公，公文下郡，绵绢悉以还民’。”《辞源》：“公文谓官员及官署之往复文书也，亦称公文书。”

官书，《辞源》：“官书，公文也。”《周礼》：“掌官书以赞治。”又有称为公家所刊或所藏之书者，吕祖谦《白鹿洞书院记》：“祖宗尊右儒术，分之官书，命之禄秩。”又今称公家所颁法令等书曰官书，亦曰官文书。案今有政府出版品一名词与第二意同。

公牍，《说文》：“牍书，版也。”《史记·匈奴传》：“汉遗单于书牍以尺一寸。”

尺牍，《史记·扁鹊仓公列传》：“缇萦通尺牍。”

案牍，《北史·杨昭》：“（昭）学涉史传，尤闲案牍。”

文牍，《宋史·梅执礼传》：“比部职勾稽财货，文牍山委。”

西洋关于官书与档案之名词亦有数种。

阿恺夫斯（archives），《标准字典》释曰：“阿恺夫者，保藏档案文件书籍之所也。尤指足以考证历史有关之公共文书。”并云与此词意义相近之词有：①年鉴（annuals），年鉴者，每年之记录也。②编年史（chronicles），编年史者，以年月为纲，以事系于其下也。两者之为书，皆缺乏特别置重某点选择及惩前毖后之眼光。③史书（history），史书者，选择分类各种史料，而以其关系之重要与否为根据者也。阿恺夫斯，乃公共之记录，可以为年鉴，可以为编年史，可以为其他行事之记录。④言行录（memoirs），言行录（事略、实录、起居注）者，个人生活之记录也。⑤纪念品（memorials），纪念品者，不仅录诸文字，即其他物品，亦在其内。阿恺夫斯可以包含法律之记录及簿册。⑥契据（muniments），契据者，在法律上公众可依据之以保证其权利也。《韦氏字典》、《牛津字典》释此词之意义与此略同。

《大英百科全书》对于此词所述甚少。① 其详解皆在记录(records)一词之下。《韦氏字典》解释记录曰:"凡记录公共团体或官府、官吏某时代之官家文件,谓之记录。"《大英百科全书》及芮伊(Rye)氏之《伦敦图书馆指南》释记录曰:"英国官档局(English Public Record Office)之编制者于1838年之法规中规定此词之义为:案卷(rolls),记录(records),令状(writs),书籍(books),议事录(proceedings),法令(decrees),法案单据(bills),委任状(warrants),闻见报告(accounts),文件(papers),及其他一切英国之有公共性质(public nature)之打口门(documents)。"此词之下分八段叙述之。(详后)

打口门(documents),《综合大辞典》译为官文书、公文等。《标准字典》释为:"官文书者,凡足以传达消息或证据之手稿或印刷品皆官文书也,如法律或政治档案是也。"《大英百科全书》解打口门曰:"严格言之,在法律中凡足以用为证据或证明之书写的或印刷的物品,甚至碑文、牌记,及凡可以阅读如图像、照片、印玺等,皆可供打口门的证据(documents are evidence)。广泛言之,此词乃用以表明足以供某种题材之消息或证据者是也,凡书写的或印刷的文件,普通皆称官文书或政府档案(public documents or government documents)。"

论官书与档案之文字,在用英文书写之书中随处有之,兹就个人阅览所及,择录其要点。余意官书用以指政府印刷之物,档案指未印之文稿,合而简称官档,单属一方面者,仍称官书或档案。

3.2 档案与官书之关系

档案不一定为官家文件,私家文件亦可以为重要之档案,但究以官家文件为主。官书内容有三种:一种是其书之编纂虽系官家所为,但其书之内容纯系普通学术,无关于公事,如《太平御览》、《永乐大典》、《康熙字典》等是;一种是其书编纂系官家所为,其书内容纯系

① 仅曰此词通常多用其复数式,用以指储藏记录、图册、宪章及其他文件之属于国家、社会、家族者;然近则常即用以指示记录、宪章等之自身也。

公事，如《九朝圣训》、《剿平□匪方略》、《光绪政要》、《政府公报》等是；一种是编纂之事虽系私人所为，而其材料纯系公事者，如《太平天国史料》、《太平天国有趣文件》等是。档案是官书之原料，档案是官书之内容，档案是官书之前身。将写稿之档案编为写本，予以一定之名称是官书；将写稿之档案编写成本，印刷成书，亦是官书；将印稿之档案编写成本，或再印刷成书，亦是官书。概言公家文件，未编印以前是档案，编印以后是官书。故就其性质言，官书即档案。从管理上言，官书与档案宜若不同，因其形式不同，管理不能用一致之方法也。

3.3　官档之功用①

官档在图书馆中应视为参考部之一部分。有时官档为图书馆中之主要参考材料。官档因不便利用，颇为各图书馆所忽视，实则官档不能视为一种生料，而为实际从事各项职业之人均有实际甚高之用处。真正完备之档案收藏处，主持家政者可于其间寻求关于食料、烹调、养分、物价诸材料，屠夫可于其间寻求各种肉类之割法，杂货店主可于其间寻求点心之制造、粉类之烘研之法，医生可于其间寻求卫生部之报告之关于诸种病症之事，农人可寻得五谷栽培之方、逐除害虫之法，政治家可寻求关于法律、条约、关税、薪资、时事等材料。人谓设使其他一切书籍材料均得齐备，而根据此项官档亦可重写一部完美之美国历史。教育部局之出版品特殊有益于教师。前此官档之不被人重用者约有原因，或则装潢不精，或则取名含混，或则编制不良，或则索引未具，或则图书馆编目不详题其内容，或则读者应用之时馆员未常加以适当之导助是也。

可以求索官档之处：出版者之本身一也，出版者之附属机关二也，官档监督局三也，众院议员四也，参院议员五也。

---

① 官档；意义、功用；类别；来源、征购；管理（分类、编目、保存）；利用。

3.4 官档之分配

官书局(Documents Office)释官档(public document)之义曰："凡以政府之费用或国家机关之名义出版之物，或政府或国家机关购买之版权而出版之物，皆曰官档。"官档之分配，应以集中分配(centralized distribution)为尚。案普通分配官档之法有五：一曰函索，即邮寄法；二曰图书馆交换法；三曰价卖法；四曰只徒出脱法；五曰无条件寄送法。五法各有利弊，而以一、二、三法为优。①

英国官档分为两类。第一类出版品公共图书馆可自由取得，第二类则不能。第一类包含上院、下院外交报告，除一小部分外，皆可自由函索而得。第二类又分为二十小类，其中最重要者为"下"一类之"档案局出版品(Record Office works)"，其为各省记录及不列颠、爱尔兰之发表记录等。

3.5 编制官档

以每套或每卷著录于负责出版是项官档之机关，决勿著录于该机关附属之机关。例如美国之统计简报须著录于"美国—统计局"，勿著录于"商业劳工部—统计局"。此种"美国—统计局"之格式，即所谓"反目法"。并收所有同类之小册置放于同一之小册盒中，作一标题片于目录中以代表此全盒之小册。例如目录中有标题片为"土壤"，片中仅注明"小册"并注明书码如：631—小册。

3.6 各项官档之内容及其利用法

储藏与编制官档之地位与费用，相称否，足否，值得否，能担任否，均需注意。

① 数折之小印刷物不能视为出版物。

普通图书馆及小图书馆欲完全搜罗各项官档实不可能，大抵公共图书馆可搜罗关于公共图书馆有用者，大学图书馆、省立图书馆、县市图书馆各收其与彼有关或有用者。如县图书馆对于该县财政局、教育局、保卫局等出版或布告，均需收集条存备用。

3.7 小图书馆之利用官书①

官书历来出版甚多，为小图书馆馆长者当如何选择之耶？勿图收集一切之官书。若汝无宽大之馆室及能利用之读者，与选书籍同，宜选择适于汝之图书馆之社会之读者而收集之。记载官书名目最完全而足为选择之良好根据者为 Supermlengdent of Documents（官书监督处）所出之 *Monthly Catalog of Public Document*（《官书月报》）。关于特种题类之官书，如 food，diet，water，publication，forest，service，dairy，industry 等亦可以询问官书监督处而得之。A. L. A 之 book list 中亦选有著名普通之官书，Wilson 公司出版之 *Records Guide Abridged* 中亦有选目。官书编目之法，应与其他书籍同，著其标题，著其重要款目。甚多之重要有价值之官书常被人忽视，因其真正之内容与名称往往不载于封面之上也。故图书馆宜于该种官书之背面粘一引人注意而有趣味之名称，另手制一书名页，夹粘于该书之前。

纽约公立图书馆官档之书都做卡片、著者片与标题片。著者片著录之法系采用"反目法"（inverted entry pleas）者，此法大体对于永久之团体甚简单、妥当而自然，对于临时及特殊之团体，则不免笨拙。若系继续出版者，则用格片（tabulated card）以便随时加添新出者及补购原缺者，而每卷中有特殊之目录价值者，可特作一片，故每套书可有卡片数十余张。大抵官档不宜过于依其本身之性质以相分析，属于国者，以国为主；省者以省为主；县市者以县市为主。然后于其下分类标题。标题名目当以偏于国政，如内政、外交、司法、财政、实业、劳工等者为适用。历史事件及其发展应依时代先后按次序排列。

① 第一应选择；第二应使其易于使用、便于利用。

时、地、类三者斟酌交相应用，即不致紊乱矣。

3.8 中国官书

论及中国官书，有三问题：何种书始可称为官书？官书应如何编制？现存官书究有几何？

何种书始可称为官书？

《辞源》："官书，公文也。"《周礼·天官·宰夫》："（宰夫）掌百官府之征令，辨其八职……六曰史，掌官书以赞治。"又称公家所刊或所藏之书，吕祖谦《白鹿洞书院记》："祖宗尊右儒术，分之官书，命之禄秩。"又今称公家所颁法令等书曰官书，亦曰官文书。

陈乃全《四库全书总目提要索引》中有官修一门，列汉明帝《东观汉记》至清高宗《千叟宴诗》，凡一百九十八种，而帝后所制自梁元帝《山水松石格》至无名氏御制《回文诗》，凡四十五种，尚不在内。杨家骆《四库大辞典》于官修书表及帝后著作表外并附《〈四库全书著录存目〉外明清两代敕撰书书目表》，计自明太祖《务农技艺商贾书》至清德宗《增修大清会典》，凡一百九十五种。

关于清代之官书，据陶湘《故宫殿本书库现存目》所载，更多有在杨氏大辞典附录之外者。陶书分实录、圣训、御制、钦定、校刊、方略、典则、官书、经学、字学、史学、志乘、类纂、仪象、目录、类书、总集、进呈、清文、书目、校刻、梵经等类。其中一部分系官书，一部分则仍是私人著作。实录，纯系官书。实录者，专记帝王一人之事迹者也，唐《韩昌黎集》有《顺宗实录》，尚非官修，明清皆置实录馆，官修之。圣训、圣谕，帝王之诏令、诰诫也，皆官书。御制系帝王著作，另有编目之法。钦定不过如今教育部之审定，校刊不过如今官书局之出版，虽可加以副见，然不能为主要款目，不能视为官书。方略皆记武功之书，清代设有方略馆，专编此类书籍。典则入通典、会典、盛典、通礼、宫史等书。官书入宫中、府中，各部、各院、各寺则例及刑律等皆官书。以下各类，则其中有官书者，有非官书者。

大抵普通所称官书，不外编如实录、圣训等，制如御制、诗文等，纂如七经、字典等，修如会典、方略等，钦定如《四库全书》等，校刊如《十三经》、《二十四史》等。编、纂、修等书，国家多设有机关专主其事，可谓之官书，其余则应各依其类编之。

以上系就前代之官书而言，民国以来，政府所出官书，尚未有精详之目录。惟国立北平图书馆就其所藏编为目录，计有印出者已有二辑。第一辑名《北京图书馆现藏中国政府出版品目录》，第二辑始称《现藏中国官书目录》。

第一辑凡条第一条谓此册“以北京各部署各机关之出版品为主”，“附以各省之政府出版品”。而其所列各部署各机关之名称引之，足见所谓政府出版品或官书之范围：

国务院

　中央观象台

审计院

外交部

内务部

　故宫博物院

　京都市政公所

　京师警察厅

　中央防疫处

财政部

　盐务署

　财政整理会

　税务处(附总税务司)

　京师税务监督公署

交通部

农商务部

　全国水利局

　地质调查所

　经济讨论处

司法部

　大理院

　修订法律馆

　法权讨论会

　京师监狱

教育部

陆军部

海军部

京兆尹公署

各省政府

(一)江苏省政府

(二)浙江省政府

(三)安徽省政府

(四)江西省政府

(五)湖北省政府

(六)湖南省政府

(七)四川省政府

(八)福建省政府

(九)广东省政府

(十)广西省政府

(十一)云南省政府

(十二)贵州省政府

(十三)河北省政府

(十四)河南省政府

(十五)山东省政府

(十六)山西省政府

(十七)陕西省政府

(十八)甘肃省政府

(十九)绥远省政府

(廿)察哈尔省政府

(廿一)热河省政府
(廿二)辽宁省政府
(廿三)吉林省政府
(廿四)黑龙江省政府
(廿五)南京市政府
(廿六)上海市政府
(廿七)汉口市政府
(廿八)北平市政府
(廿九)青岛市政府
(卅)东省特别行政区行政长官公署
(卅一)兴安屯垦区公署
(卅二)威海卫管理公署
附录　海关税务总司出版品
　　　各机关职员录
另附机关名称参见表(如表3-1所示):

表3-1　机关名称参见表

各省市高等地方法院	见司法院
各省财政部特派员公署	见财政部
工商部	见实业部
大学院	见教育部
上海特别市政府	见上海市政府
天津特别市政府	见河北省政府:天津市政府
中央大学区教育行政院	见江苏省政府:教育厅
北平大学区教育行政院	见河北省政府:教育厅
北平特别市政府	见北平市政府
北平税务监督公署	见财政部:北平市政府
交通部、铁道部交通史编纂委员会	见交通部:北平市政府

续表

全国注册局	见实业部：商标局
青岛特别市政府	见青岛市政府
武汉市市政委员会	见汉口市政府
武汉市特别市政府	见汉口市政府
军事委员会	见军政部
南京特别市政府	见南京市政府
赈灾委员会	见账务委员会
扬子江技术委员会	见交通部：扬子江水道整理委员会
农矿部	见实业部
汉口特别市政府	见汉口市政府
广州特别市政府	见广东省政府：广州市政府
广州特别市政厅	见广东省政府：广州市政府
侨务委员会	见中国国民党中央执行委员会侨务委员会
卫生部	见内政部

就其所列参见表之格式，尚有不甚妥洽之处，然系官书著录编目之事，兹暂不讨论。其最足使吾人注意者，即各朝代官府之职不同，吾人在编制某代官书之时，应明了该代官职之大概，故各代官职应列为系统表以供著录时之采取。再者，各时代、各地方、各机关名称更变，内容之同异应如何规定，著录之法亦应详加考虑者也。

第二辑指明为国民政府之部，其所包含之机关如下：

甲部 中国国民党

(一)中央党部

(二)各省市特别党部

(三)中央政治会议

乙部　国民政府

子　中央之部

(一)行政院

(1)内政部

(2)外交部

(3)军政部

(4)海军部

(5)财政部

(6)实业部

(7)教育部

(8)交通部

(9)铁道部

(10)建设委员会

(11)蒙藏委员会

(12)禁烟委员会

(13)赈务委员会

(二)立法院

(三)司法院

(四)考试院

(五)监察院

(六)参谋本部

(七)国立中央研究所

(八)广东治河委员会

(九)导淮委员会

丑 地方之部

3.9 官书著录要则

内分正则、附则、举例、释义四项，兹先述正则①。

第一条 凡以某国省县市之名义出版之书，概以该国省县市之名

① 著者、人物著者、机关著者、书名著者。

为主要款目，将其所有出版各书，概著录于此种主要款目之下；而国省县市之下之院会部司厅科局所等，虽有为出版物之主持署名者，亦只列为国省县市名称下之细目。

第二条　各院部等下独立局署等，应直书于国名之后，不必国名接部院，部院下方接局署之名。

第三条　凡非官员而向某官厅之报告，著录于该报告人名称之下，而作所向报告官厅之参照。

第四条　凡非由一人对于某部院之报告之丛刊，著录于该部院之下。若其中某一种报告之著作人甚重要者，即使其为一官员，为之作一副片。纯粹关于行政上之报告，对于报告之官员不作副片。

第五条　凡某国某省之法律①，悉著录于国名、省名之下，细目曰法律。作该国省下立法机关参照，及编辑者副片。

第六条　凡法律原文，经类摘或释义其一部分者，或其书之性质应以类摘或释义者为主者，著录于类摘者或释义者名称之下，而作该项法律所属之国省名之副片或参照。

第七条　凡某一法院之报告，著录于该法院全名之下，酌作报告者或编辑者副片。

第八条　凡法院报告之类摘要，著录于类摘者名称之下，不著类摘者姓名者，著录于该书名之下。为法院或法院之法官作副片。若其书为从某报告丛刊类摘者，对于原书名宜作一副片。

第九条　凡法院之单篇意见书、判决案、罪状等，著录于该法院名称之下，对于审判官之名称，原告、被告两造及其他有关系之人或机关作副片。

第十条　凡单独印行之抗辨书，著录于此抗辨书之律师名下。

第十一条　凡一国一省之宪法，著录于该国该省名称之下，而以“宪法”二字为副目。

第十二条　凡宪法、会议、草案，著录于国省名之下，而以宪法、会议、草案为副目，附以时代。

---

① 法律、法典、法规、法则、则例、命令、诏谕、圣训。

第十三条　凡国、省、县、市及机关团体之规章，著录于受此项规章管辖者之国、省、县、市及机关团体名称之下，以“规章”二字作副目，而发布此项规章者作副片。

第十四条　条约

(1)凡单个条约，著录于书名页中首先举出一方之名称下，以“条约”二字为副目，缔结条约之其他一方作副片。若该条约素以某地名或其他名字见称者，应作见片。缔结条约之年代，得附注于副目之后。

(2)凡丛集各国条约之书，著录于编者名称之下。

(3)凡丛集某一国与他一国或各国所订之条约，虽某一国之名称不在书名页中最先举出，亦著录于某一国国名之下。

4 现档篇[①]

文件之排列为管理档案之一重要事[②]。其中重要之点约有数端，试举之如下：

(1)各种排列之系统及其选择

(2)各种排列之设备及其用品

(3)各种排列之手续

(4)管理部之规程及其组织

4.1 各种排列之系统及其选择

以方法系统而论，以放纳之方法分：针签法(spindle file or spike)；台格法(region hole file)；风箱法(bellows file)、皮夹法、护书法；平放法(flat files)、抽斗法(loose leaf file)、箱子法(box file)、山隆抽法(shannon file)、山隆板法(shannon board file)；立排法(vertical file)[③]。信袋法中国多用之。以排列之方法分：数次法、字次法、标题次法、时代次法(follow)、地次法等。

4.1.1 题次法

题次法者，文件依其内容为排列者也。其与地次、字次不同者，

---

① 原题"现档管理法"。编者注。

② 排列系统须简单、适用、有伸缩性；又须存乎其人(合作、尽职)、存乎其用(尽其用)，人尽其职、物尽其用。

③ 捆平法、架格法。

凡人物、机关、团体、地域之名称皆不多用也。无论何种文件皆可以类题分列而有其绝大之优点。若某项文件类题之件不多而专名之件甚多，可将各题、各件混合列之，亦无不便。若其类题之件甚多，则类题之上宜有复合之大类题，之下宜有小类题，以清眉目而严系统。类题本身之排列有二法焉，一曰类题字顺法，二曰类题数码法。字顺法又分类题专名混合字顺法及类题单独字顺法二种。数码法又分类题递加数码法及类题十进数码法二种。兹列其英文名称如下：

(1) Alphabetic

(a) Variadex Alphabetic

(b) Subject

(2) Numberic

(a) Duplex numberic (with subdivision designated lay dash numbers & letters)

(b) Decimal (dewey principle)

无论用何法，只要是用类题法，则一类题分类法及其索引表为必需之物。其分类法之内容，须视该机关之组织、欲排之材料、参考应用之范围与性质而定。其分类法即便异常简单，亦须收其大纲节目妥为定制，方便遵循。若为字顺法，则其分类法即须严照字顺排递层制；若用数码法，其分类法即须严照其数码递层排制。而其关系索引即应将法中大纲节目之名一体依字顺排列之，以便检寻与参照。

(1)字顺法

(a)类题专名混合字顺法

其法即类题之名亦如其他专名法，依字顺而占其应在之位置。如该类题下尚有细类题，则将其下之各细类题，依次排列于其所属之大类题下。其各类题之名仍分书见于封套导舌之上。若有一套文件，其类题为“志愿书”，则依照字顺排“志”字七画之中。其下尚可再分细题，依次排列。如：

A 七画	导舌(guide)
志愿书(application)	主套(main folder)
志愿书—会计(application keepers)	从套(subfolder)

志愿书—书记、录事(clerk, correspondent)　从套(subfolder)

志愿书—办事员(office assistant)　从套(subfolder)

志愿书—速记法(stenography)　从套(subfolder)

(b)类题单独字顺法

其法将各类题之名称书写或打印于套之导舌上而依字顺排列之。大类题名称书排于前截导舌上，细类题名下再分细类题名，依次书排于中截或后截导舌上。此多用封套之有导舌者，书大类名于其上为之。如：

行政管理　(主题导)

　分店　(细题导)

　联络事宜　(细题导)

　保险　(细题导)

　　保险管理—汽车　(套)

　　保险管理—火灾　(套)

　　保险管理—债务　(套)

(2)数码法

(a)类题递加数码法

此法乃将所有应用之类题另书于一处，而各给以数码，排列之时只顾数码，类题可以不必书于套导上。如：

1 行政管理

2 申请书(志愿书)

3 广告

4 制造厂

5 转运

6 教育

7 出版

8 合同、组合

9 文籍

10 通知、消息

以上各项中如有多种事项，又可再分之如下：

7 出版

7-1 订阅

7-2 消息项

7-3 备用论文

7-4 评论

如每项之中尚有多事，仍可再分之如：

7-1 出版：订阅

7-1a 出版：订阅，请求

(b)类题十进数码法

此法学图书馆学类能知之，以各事项分为十数，而以“〇、一、二、三、四、五、六、七、八、九”十数代之，依次递分。如：

	关于铁路者	战事部者
〇〇〇	普通	普通
一〇〇	行政与立法	财政与会计
二〇〇	财政与会计	职员
三〇〇	道路与建造	行政
四〇〇	设备与铺子	供给与设备
五〇〇	转运与堆存	运输
六〇〇	交通	建筑工事
七〇〇		医药与卫生
八〇〇		河道与港湾
九〇〇	各地事务	

如将(2)(a)之各项加以十进化，则应之如下：

〇〇〇	普通
〇一〇	消息
一〇〇	行政
一一〇	公事房之供给
一一一	用品
一二一	文具
一二〇	职员

二〇〇	申请书
二一〇	通信费
二二〇	助理
三〇〇	广告
三一〇	合同
三二〇	结果
四〇〇	制造
四一〇	工厂
四一一	所用人员
四一二	设备与用品
四一三	维持与供给
四一四	储藏
四一四一	纸
五〇〇	转运
六〇〇	教育
七〇〇	出版
七一〇	论文备用
七二〇	消息
七三〇	评论
七四〇	订阅
七四一	请求赠阅
八〇〇	合同、组合、会社
九〇〇	文籍
九一〇	请求

4.1.2 数次法

数次法者，于每种排件之上依其类别或名称或来时赋予数目，然后依数排列，而另作卡片索引以活用之之法也。此中有三事：

(1)卡片索引

将排列中之类别名或专名写于法定之卡片左方而写其数码于左上

角，依字顺排列。欲察某事某物者，依其事物之名称字顺检之而得数码，再依数码于排件中求之。此卡片虽为代替排件者，然可同时制作多张，及彼此参照会通之片，正如目录之于书籍然。（参照片不注数码，依字顺排列于卡片索引中，而被参照片之数码则须注出。）

（2）档本

将所有档本依数次立排于抽斗之中，而用箱标、导纸、封套、借条等以补助检查之便利。该箱中如为800起者则可书800于外。导片可用五截者，依00、20、40、60、80之次序，自左至右排放。档本则各置于封套之中，封套之右上角仍书数码。如某封中某件为人借出，则可以将其借条以针撇于该封套之上边上以资检覆。

A. 字数色混合法（triple check automatic index for correspondence filing）

字数色混合法，有两类导片。甲类导片，主为字顺之导引，其凸舌只于左端第一截分上有之，其式与他种字顺导片同，用以指示专名及类名之第一字母者，其分数有二十、三十、四十分不等者。乙类导片为副用导片，其凸舌只于第二截分上有之，用以指示第二字专名及类名之第一字母者，其分数大抵分为九分：①A－B；②C；③D－F；④G－I；⑤J－L；⑥M－O；⑦P－R；⑧S－T；⑨U－Z。如AbbatLaboratory，Inc. 与 Walter Aarons，前者甲导在A下，乙导在J－L下；后者甲导在A下，乙导在U－Z下。乙导并可利用颜色以为分别，前三导可用茶色，次三导可用绿色，末三导用黄色可也。

B. 杂件封套（miscellaneous folder）

每导片之后设一套，套上具有第三截分之凸舌。排于乙种导片末之杂件封套，其上之符号与前各套之符号相同。排于甲种导片末之杂件封套，其上之符号与其前各套数符（numeric notation）相同，惟字符（alphabetic notation）则不用，而直写其专名或事件类题之名（single name or subject）。所有杂件各封套，依其位置分别排列，其中各件概以字顺排列。若某项事件之来文、去文及有关系之文不止一件者，则以时间最近者排置于前。乙导片后杂件封套凸舌仍可予以颜色，甲导片后者则可不用。

凡某事项之文件在五件以上者，则为之置一单独封套，此等封套之上之凸舌全在第四截分之上。其排列则于甲导及杂封之间悉依字顺严格排列之。而使其凸舌之颜色于乙导片之颜色相合为要。凸舌之上先书数符，次书事项名，务整齐清楚。特别重要且常用之档件用最末、最右之截分导片指示之。凡借出者则可于第五截分之凸舌上加导片以指之。

C. 数符之运用

甲导自 A—Z 与数目之对应如下：

A	1	C	5	F	9	I－J	13	M	16	N	19	S	23	U－V	27
B	2	Co	6	G	10	K	14	Me	17	O	20	Si	24	W	28
Bi	3	D	7	H	11	L	15	Mo	18	P－Q	21	St	25	Wi	29
Br	4	E	8	Ho	12					R	22	T	26	XYZ	30

图 4-1　甲导对照图

乙导自 A—Z 与数目之对应如下：

0	1	2	3	4	5	6	7	8	9
	A－B	C	D－F	G－I	J－L	M－O	P－R	S－T	U－Z

图 4-2　乙导对照图

惟甲导 A 虽为 1，实为 10，盖乙导在其后 A－B 即为 11 也。2 即 20，30 即 300 也。而乙导 A－B 虽为 1，实则可为 11、21、31、41，乃至 301 也。今举数名于下，以见字数比合之法焉。

4.1.3　地次法

地次法，以地域之名为主而其后以字顺辅之者也。在某种情形之下，地域之名较其他专名及事件之名更形重要，如书局、信局、批发商等。其法自然先以国为标准，以省为主分，以县市镇为次分，而各档本即依县市镇之字顺而挨次放入之。指导之法则，省名书于三分导片之第一分上，如“四川省”、“Illinois”。次则于五分导之第一分上书“ABC”、“八画”、“九画”、“十画”等之指引字顺导。再于五分导之第二分上书县市镇之名，依字顺排。县市城镇下档本多者，又可于五分导之第二分上书A—Z一画至二十画之指导，宜用红色。现行各档本封套上之凸舌占三分之第二分，其上先书地名，如“四川，重庆”、“Abington，Ill.”，再书机关专名，如“四川重庆民生实业公司”、“Abington，Ill. Clay Product Co.”。此种档本中，如有借出者则于其舌上加夹借出单(其式另见)，尾书“借出”、“out”字样。凡杂件档本指示悉在五分导之第五分。县市城镇之下杂档内档本依专名字顺排。省下新档内档本，先依县市城镇字顺，次依其下之专名字顺排列。此次亦仍有卡片索引者，纯依专名字顺排。

4.1.4　时次法

时次法，依日期之先后为准而排列者也。以月日为指导，或月日之下依字顺以排档本。

到时法①：

(1) The card tickler

(2) The skeer follow up

(3) The combination alphabetic & date

(4) Date folders

4.2　排档用品概说

4.2.1　导片

导片(guide)上有突(projection)下有突(eyelet)。上突以便检

① 到时法(follow up method)；备忘录，记事录(tickler)；待复(hold for answer，H. F. A.)；待解(tickle，rending)。

(signposts)，下突以便穿(用铜条(copper rod))。导有多种：

(1)

A manila 马尼拉纸导

B pressboard 厚纸导；纸板导

C celluloided 软玻璃纸导；透明导

D removable label celluloided guide 活动透明导

E metal tip or “armorclad”金属导

F angle - tab visible - name guide

G aluminum guide 活动铝属导

(2)

A one - half 二分导；二开导

B one - third 三分导；三开导

C one - fifth 五分导；五开导

每种中又复可分：

①极左导(extreme left)

②极右导(extreme right)

③中央导(central)

或：

①第一分(位)导

②第二分(位)导

③第三分(位)导

④第四分(位)导

⑤第五分(位)导

(3)

A alphabetic guide 字顺导

B month guide 月份导

C day guide 日期导

D state guide 省名导

E town guide 市名导

F subject guide 标题导

G numeric guide 数目导

4.2.2 封套

(1)

A Minila folders 马尼拉封套

B pressboard folders 厚纸封套

C leatherette or fiber folders 红皮纸封套

D remcraft folders

E deluxe folders

F angle - tab visible - name folders

G leatherette legal cut pockets folders 有带封套

(2)

A straight edge folders 直边封套；平边封套

B tab folders 有突封套

C expansion folders 可扩封套

D binder folders 装订式封套

E reinforced folders 上端加厚封套

4.2.3 箱类标

(1) 箱标(drawer label)

(2)指导标(guide label)

(3)封套标(folder label)

4.2.4 档柜

(1)立组档柜(vertical or upright units)

(2)平组档柜(horizontal units)

(3)固定档柜(solid cabinets)

其材料或为木或为钢。木则多用四开橡木(quarter sawn oak)，配以金黄色(golden)；或用胡桃树木或桃花心木(warnut or mahogany)，配以 colonial 色。钢制则多配以橄榄色，以便与任何环境调和。

立组档案柜者，将各单箱自下向上重叠，然后向两边发展，排成阵叠。其阵叠可依各人之需要而排成种种不同之形式。或成长阵(long size row)，或为区部籍作办公室之用。立组之数目有四种高度(four height)：二箱高者(two-drawer height)，三箱高者或柜台高者(three-drawer height or counter height)，四箱高者(four-drawer height)，五箱高者(five-drawer height)。四箱高者约有51.5”高，27”深。二箱高者，其高约与办公桌高(desk height)相等，多备于办公桌旁以供置放文件。柜台高约42”高，既可以放物又可作为柜台。五箱高乃为地位经济者故。

平组档柜乃为小机关，将大小不同之档件放于一处之用最便。一底一盖，中间之箱每层之大小可以任意配置，唯求每层之宽广一致而已。平组档柜全大(full size)约为33”宽，半大(half size)约为18”宽，亦称 demi unit，其广(depth)约为16”与24”。

固定档柜乃一次已经完成，非由各箱组成者。近日用此者多系小形，供桌上排片之用。大形供排档虽间有之，亦不过以木制成，为移档之用，只利其价廉而已，且多系四箱高者一种。

档柜之标准大小：档柜大小各公司所制不同，其标准大小，大约：立组箱平均内深(depth)24”；平组箱平均内深14”及22”。

普通大小：

函件(correspondence)档用者约：10”高(high)×12”宽(wide)

法律(legal)档用者约：10”高×15”宽

票据(bill or invoice)档用者约：8”高×10”宽

订购(order)档用者约：6”高×8”宽

4.2.5 卡片柜

有木制者，有钢制者，有立组者，有平组者，其箱之标准大小有三：5”×3”，6”×4”及8”×5”。立组箱平均内深(inside depth)约为24”，平组箱约14”。

有所谓：

(1) Solid card tray cabinet

(2) Desk card tray with hinged cover
(3) Desk card tray with corners to permit stacking
(4) Correspondence sorting trays or sorters reference shelf

4.2.6 随动板

用以撑档，使之直立者，或为木制，或为钢制，上窄下宽，面斜，置于抽斗之中，下有位穴可以前后移动。

4.2.7 排列凳

立组箱下有二箱，须坐排册，此凳最佳，14”高，下有自动转轮。

4.2.8 箱袋

箱袋乃照箱之形式略小作一布袋，中作若干间，两边以硬杆穿之，放于箱中，排档其中，不须 followers 而档自直立。且排取档件亦较便利。

4.2.9 卡片与卡片索引

(1) Card
(2) Card Guides
(3) Cabinets or housing，equipment
1. Card

大小(size)
- 5” ×3”
- 6” ×4”
- 8” ×5”

轻重(weight)
- 轻(light)
- 中等(medium)
- 重(heavy)
- 加重(extra heavy)

等级(grade)　　普通有八种颜色之卡片

2. Card Guides

二十片而应有一导：

Plain guide

Celludoided guide

Removable label celluloided guide

Metal tip guide(armorclad)

Blank guide
- $\frac{1}{2}$
- $\frac{1}{3}$
- $\frac{1}{5}$

Printed guides(自10份至数千份以供誊写者)

Month guides

Day guides

State guides

卡片索引，有三法最善：

(1)字数色混合法(Triple Check Automatic Index for Card Guiding)

(2)自由发展法(Extension Index)

可由五百导发展至一万导，旧导不弃。

(3)同音同处法(The Soundex System of Card Indexing)

同音同处法者，乃将拼法不同而读音略为相似之字归在一起，其法以某单字代替某同音群之字再代以数字。

b(1)	代	b f p v
c(2)	代	c g j q s x z
d(3)	代	d t
l(4)	代	l
m(5)	代	m n
r(6)	代	r
(0)	代	无子音

其中有数事应注意者：

(1)w，h，y；a，e，i，o，u 等字母不问，余以首字为主，依次写出代字，复以数字书之。如：

Siegel “S” cl 240；Stephens “S” dbm 315

(2)如某字其二个以上者，仍书一个。如：

Sheppard“S” brd 163；Socks “S” C 200

(3)首字后代字同，中只隔一母音者，只计其一。如：

Scheckwitz “S” cdc 232；Sgakal “S” cl 240

(4)首字外前后代字同，中隔母音者，仍计。如：

Staten“S” ddm 335；Sinkiewicz “S” lcc 422

(5)錀字前后同，中间有 h、w 等字母者，仍计一錀。如：

Sokwoy “S” C 200；Salkewicz “S” lr 460

(6)首字外号錀字者，以“0”代之。如：

Shea “S” 000；Shaw “S” 000

(7)第一字全同者，依第二字顺排。

(8)其一条全同者，依籍贯、生卒、职业等排之。

3. Cabinets or Housing Equipment

(1) Horizontal and vertical units

(2) Solid cabinets

(3) Kardex visible records 有平、转二式①

(4) Desk card trays

(5) Card record desks

4.3 用　　导②

依其上面突出之长短而有二分导$\left(\frac{1}{2}\text{ Cut}\right)$、三分导$\left(\frac{1}{3}\text{Cut}\right)$、五

① rotary, index visible rotary equipment.

② 此节原题“管档小识”。编者注。

分导$\left(\frac{1}{5}\text{Cut}\right)$等之别。

(1)印字导

印字导(guide printings or captions)宜整齐，易识，排后成自然之次序。

(2)单指导

单指导(single captions)者，其上所书之字只指一头者也。如A，Am，Ai，B，Be等是。名事各档凡以该导标(caption)之字起始者，悉排于该导之后，直到第二导标所有之字为止。如凡以Be，Bel，Ben等为首之件皆排于Be导标之后，而Bi则否，以其已为下一导标之故也。①

(3)双指导②

(起讫导double or closed captions)，于导标上写其后所排各件应自某起某讫者也。如以A，Aa，Ab，Ac等为始之件而其中并Am者，则应排于A－Al起讫导之后也。

(4)导数

二十片宜有一导，五千片宜有二百五十导，二万片宜有一千导，其导标之分配，各公司皆有预备者，导后之件应严依字顺以排。

4.4 排　　法

何种档件应依名排，何种档件应依事排，须视应用者之式会依照何法为准。

4.4.1 来文与去文

来文与去文(incoming & outgoing correspondence)，来文入排，须盖收到时间之印，或如何排法之记号，何部分送来入排上应有其签

① 单指导不仅只指起处且定甚简短。

② 双指导，即起讫导。

字。去文或为原稿或为复张(file copy)，负责人可于其上盖付排之印以便入排。

4.4.2　排档手续

(1)检查(inspection)是否为入排之件。

(2)阅看(reading)以定应入何标。

(3)索引(indexing)以定应索入何项，宜注意发文者之名，收文者之名，签发文者之名，文中提及之名与事，文中之地名。

(4)分排(sorting)

A. 立分于格中(tray sorting)

B. 平分于架上(compartment sorting)

C. 分堆于桌上(sorting into files on a table)

D. 排列(filing)　排列于封套中，排时须将封套取出，排入之件须全齐左排。

E. 排法(method)　无论用何方法，字顺、数顺、地顺，常为基础方法。

F. 排封套于导片后　排抽斗，10.5 寸高，12 寸宽，24 寸深，封套上有凸舌，可写字。

G. 文件之分类　分专档(active)、杂档(inactive)。凡该档来往之文甚多可自成一套者，曰专档。若只一、二件者则排于杂档之中，待其发展时再分，为专档。

H. 封套(folders)

专档封套(individual folders)置于导片之后，统依字顺排列。排列完毕，最末再排应排此导片后之杂档。杂档封套(miscellances folders)用另一颜色以便识别。然亦有将杂档置于各专档之前者。专档中各件无论其为来文去文，最善之法，应依时期先后排放。最近期之件排于前，期远者排于后；亦有特殊，宜依地域或类别排放者。杂档中各件应严依字顺排放，其每事在一件以上者，则仍宜依时日为序，近期在前，而可粘订之为一束。杂档不宜使其太满。凡善管档者，其杂档中之件常少。专档亦不宜使之太满，太满时应视其情形依时期，或地域，或类别而分为数专档。

I. 其他须知：

①普通24寸深之抽斗可装五十件导套在内。

②每抽之导应以三十至四十为度；五专档套应有一导。

③专档应常在导之后。

④杂档应常在专档之后。

⑤不可使抽套等太挤。

⑥档件有残坏者宜修补之。

⑦移档之时，宜握其身与侧，不可触其导舌。

⑧移档件使前，不可以导压之使前。

⑨取放档件宜将封套提起或竟取出。

⑩排放档件使其全齐左。

⑪勿放物于档顶。

⑫用后勿忘关抽斗。

⑬勿用别针等物；每日排清来件，勿使堆积。

⑭非管档者，他人慎勿排档、还档；专档以一百件为度。

4.4.3 字色排档法

字色排档法(Variadex Alphabetic Correspondence Filing)，此法为Remington Rand Business Service Inc. 所创。其法于字顺之外加以颜色之配合，使排检时格外准确而便利。其导片分为六种：①字顺导，占第一位，用装导；②普通名称导，占第二位，用装导；③专档封套套导，占第三位，导片长；④杂档封套导，占第三位，导片短；⑤特别档导，占极右，用装导；⑥抽斗末导，占第一位，用装导，上书“下抽斗自××起”(next drawer begin with)字样。

(1)Alphabetic G 分用五色

(2)G for common names 可用200分至500分者

(3)Individual folder for melter form active correspondence 用A—Z细分(guide)

(4)Miscellaneous folder for melter form inactive

(5)Special classification G for very active

(6)Drawer end St.

其颜色之分配则为五种颜色，橙黄、黄、绿、蓝、紫，以配字母。

Color	second Letter
orange	a b c d
yellow	e f g h
green	i j k l m n
blue	o p q
violet	r s t u v w x y z

如无第二字母，则用橙黄色。如 Ac，Ec，Ic，Oc 等皆用橙黄，Be，Ce，Fe，Ge 皆用黄，Bi，Ci，Di，Fi，Gi 等皆用绿。此种颜色可以帮助提高排检之速度，且容易纠正错误。凡第一位导为某色者，其下各封各导皆属某色。

Cross Reference Sheet		
Name or Subject		与信纸大小相同
Muti - Lux Company	File No.	
Regarding		
Article of Interest	Date	
	3 - 22 - 35	
See		
Name or Subject		
Beardslee Chanblers	File No.	
Manufacturing Company		

图 4-3 Cross Reference Sheet

4.4.4 其他各种字顺排档法

(1)安伯法(Amberg Filing)

为 Amberg File & Index Company 所创。应用此法之一切用品该公司均有出售。

(2)比赖法(The F. E. Bee Line Filing Dyeing)

为 Filing Equipment Bureau, Inc. 所制。

(3)安全法(Globe-Wernicke "Safeguard" Index)

为 Globe Wernicke Company 所制。

(4)萧瓦克法(Show-Walker "Super Ideal" Index)

为 Show-Walker Company 所制。

(5)外以法("Y&E" Direcr Name Index)

为 Yawman and Erbe Mfg. Co. 所制。

各法之不同，全在导片分法地位之异，而皆以数目字为辅助之具，有甚为精妙者。

4.5 档案著录方法①

(1)凡著录个人姓名之时，姓在前，名次之。给名或第一名字缩写在前，中名或第二名字缩写次之。

原名	著录
John J. Brown	Brown, John J.
H. Albert Jones	Jones, H. Albert

个人姓名前有 De, de, d', du, von, Le, L', M', Mc, Mac, O' 等字者，著录时应视为姓字之一部分，不作另一字视之。

著录

DeDuniak, Andrew

DeGaugn, Charles

Degaw, Edwin

D'Olier, Francois

Leck, William

① 原标题为"排档法"。编者注。

Leeman, Howard

L'Engle, Jooeph

(2)凡公司、商店、团体、机关等名，可照其原来所写之次序著录，惟其中含有个人姓名者得另视之(见第3条)。

原名	著录
Church of the Epiphany	Church of the Epiphany
Havris, Forbes & Co	Havris, Forbes & Co
M Progresso Italo	M Progresso Italo
La, France Novelty Co. Inc	La, France Novelty Co. Inc
Lamson & Hubbard Co.	Lamson & Hubbard Co.

(3)凡公司等名中含有个人姓名者，其个人姓名之著录照第一条，姓在前，名在后；然后著录其他名称，必要时作参照。

原名	著录
Mashall Filed & Co.	Filed, Mashall & Co.
Ben Franklin Steamship Co.	Franklin, Ben Steamship Co.
Washington Irving High School	Irving, Washington High School
Henry E. Kane & Co.	Kane, Henry E. & Co.

(4)凡个人姓名中有连横者，视为一字。

原名	著录
Blanche Duff-Gordon	Duff-Gordon Blanche
Cecie Spring-Rice	Spring-Rice, Cecie

(5)商店名称中有横画连贯者，各视为一字。

原名	著录
Air-O-Pad Co.	Air O
Scripps-Booth Co.	Scripps Booth

正当排列法：

Air Autombile Agency	Scripps, B. A.
Air-O-Pad Co.	Scripps-Booth Co.
Air Silk Mills	Scripps Matos Co.

(6)凡作为一字或二字不定者，悉视为一字(参见第5、第7两

条)，必要时作参照。

正当之排列：

Automotive Sales Company

Auto Piano Company

Interstate Drug Company

Intes State Manufacturing Company

Northeast Coal Company

North East Harbor Dredging Company

South Eastern Manufacturing Company

Southeastern Milling Company

Southeastern Rubber Company

(7)凡地理上之复合名词，视为分开之字。惟其第一部分非英文字者另视之。

正当之排列：

New Jersey	Deering
New Jondon	De Kall
Newburg	Delaware
Newton	Demorest

(8)名中有冠词“the”者以括弧括之，名前有“the”者提于名后，排列之时均不作算。外国商店名称中之冠词，不作改动。

原名	著录
Hart The Flourier	Hart(The) Flourier
The Castle Har Co.	Castle Har Co. (The)

(9)外国政府之名称排于共和国名之下，其下再以部署分。

原名	著录
Dominion of Canada	Canada, Agriculture
Department of Agriculture	(Dept. of)

Republic of France Department of the Seine	France, Seine(Dept. The)

美国联邦各部之名，著于美国政府之后，而下以部分。

(题)原名	著录
U. S. Dept. of Agriculture	U. S. Government Agriculture (Dept. of)
U. S. Collector of Internal Revenue	U. S. Government Treasury (Dept.) Collector of Internal Revenue

省县市镇之名，即以其地域之名著录，而下以部分。

所题	著录
State of New York	New York, State of
Commonwealth of Pennsylvania	Pennsylvania, Commonwealth of
Probate Court Norfolk County	Norfolk County, Probate Court
Town of Berwick	Berwick, Town of
City of Boston	Boston, City of
Borough of Manhattan	Manhattan, Borough of

凡 Dept. of, Bureau of, Board of, Commission of 等熟语，用于国省市政府者，均置于其所形容之字之后，而以括弧括之，排列之时不计。

所题	著录
New York Board of Aldermen, New York City	New York, City of, Aldermen (Board of)
Commission for the Blind, New York State	New York, State of, Blind (Commission for the)
Department of Education, New York State	New York, State of, Education (Dept. of)
U. S. Department of Justice	United State Government, Justice (Department of)

若该项熟语已成为该团体名称之一部分者，则依第二条规则著录之。

所题	著录
Board of Missionary Preparation	Board of Missionary Preparation
Bureau of Envelope manufacturers of America	Bureau of Envelope manufacturers of America
Bureau of Social Hygiene	Bureau of Social Hygiene

(10)凡 Ltd.，Inc.，Son.，Co.，Bro.，Mfg. 及 Corp. 等字，著排之时均视为拼出之全字。

正当之排列：

Henderson，Tanning & Company

Henderson，Ltd.

Henderson，Locke Corp

Loft，Geo. L.

Loft. Inc.

Loft. John. J.

(11)凡 and，&，of，for 等字，排列之时不计，惟写其名称之时不能取消。

所题	著录
Pusey & Jones	Pusey Jones
Committee of Seventy	Committee Seventy
Home of Blind	Home Blind
House of Good Shepherd	House Good

(12)缩写字如 Jr，2nd，Sr. 等，为名称之一部分者，置于正名之后，以括弧括之，排列时不计。

所题	著录
Jame. G. Blaine，Jr	Jame. G. Blaine，(Jr)
Henry Hales，Sr.	Henry Hales，(Sr.)

(13)个人之名位，无论在名前或名后，均置于本名后括弧内，排列时不计。

所题	著录
Dr. John Brown	Brown, John (Dr.)
Capt. William Clarke	Clarke, William (Capt.)
Horace Cook, LL. D	Cook, Horace(LL. D)
Ms. A. R. Crawford	Crawford, A. R. (Ms.)
Mayor John Mashall	Mashall, John (Mayor)
Prof. W. N. Rice	Rice, W. N. (Prof.)
William Waltor, Treasurer	Waltor, William (Treasurer)

例外之一：凡外国名及个人名，其中除正名一字外，只有名位字者，视为照所题著录，必要时作参照。

所题	著录
Madame Lucile	Madame Lucile
Prina William	Prina William
Princes Alicia	Princes Alicia

例外之二：公司、会社之名前有外国冠字或名位字者，照所题著录。

所题	著录
Madame Blanc, Hats	
M Progresso Italo	均同左
La France Novelty Co. Inc.	
La Primodora Cigar Co.	

(14)凡名前有数目字者，视为已经拼出者，著排之时视为一字。

所题	著录
5th Avenue Hotel	Fifth Avenue
48th Street Theatre	Fourty-Eight Street
42th Broadway Building	Fourty-two Broadway
14th Street Store	Fourteenth Street
3rd Avenue Railway	Third Avenue
1926 Broadway Building	Nineteen Hundred Twenty-six Broadway

(15)缩写之字，以拼出者视之。

所题	著录
Wm. Foster Inc.	Foster, William, Incorporated
Jos. St. Clair Co.	Sanit Clair, Joseph, Company
R. R. Bldg. & Loan Assn.	Railroad Building & Loan Association

(16)凡名称中有所有格 's 者，著排时不计。

正当之排列：

Brentans A. R.

Brentans's Book shop

Brentans, Charles

(17)凡具所有格 s' 者，著排时仍计之。

正当之排列：

Girl Scouts

Girley, John

Girlow, William

Girls' Friendly Society

Girls' Home

Girlum Howard

(18)凡名称中有街名、建筑名、数名等名称者，著排时依之。

所题	著录
Standard Oil Co.	Standard Oil Co.
Equitable Building	Equitable Building
120 Broadway	120 Broadway
New York , N. Y	New York , N. Y

(19)凡街道号数不止一号者，依其最小之一号排列。

所题	著录
Harrison & Treflew	Harrison & Treflew
910-12 Mastin St.	910 Mastin St.

(20)已婚女子著排其法律上之正式之名，若其丈夫之名著名者，

得作参照。

原名 著录

Mrs. Mary A. Brown Brown Mary A. (Mrs.)

(Mrs. John A.)

参照

Brown John A. (Mrs.)

See Brown, Mary A. (Mrs.)

(21)凡收受(receivership)、监护(guardianship)、保管(trusteeship)等，著排于其所属机关或个人名称之下。另作收受等之参照。

所题 著录

C. D. Thomson Receiver for Carnegie Foundry Company Carnegie Foundry Company

参照

Thomson, C. D.

(receiver) Carnegie Foundry Company

(22)凡常以两种之名称出面办事者，著排于较重之一名，而常参照其他名也。

A. 因继承关系而改名者：

原名 题名

Turnbul & Evans Turnbul & Evans

Sucessors to Booden & Turnbul

参照

Booden & Turnbul

Sucessed by Turnbul & Evans

B. 原主人名(Proprietor)即商号名：

原名 题名

William Farley, Prop. A. & J. Carage

A. & J. Carage

参照

Farley William, Prop.

A. & J. Carage

(23)凡以自 A 至 Z 排列之材料，各字分别按照字母之先后顺序排列，直至其末字为止。如：

Care, Carson, Carteret, Carters, Cartersville, Cartwright, Carty

Amer, Iralter & Amerest Baking Co. , American Can Co. , American Carco, American Art Co. , American A Ameos, E. C.

(24)凡单姓排于附有缩写字者之前，附有缩写者之姓排于附有名字者之姓之前。

正当之排列：

Kurzman

Kurzman, A.

Kurzman, Abert H.

(25)凡单一缩写字，排于以该缩写字为首之字之前。如：

J. W. B. Co. —Jones, Harry

Jones, H. W. —Jones, Henry H.

Jones, H. Wilson—Jones, Henry Howard

(26)字典对于 Mac, Mc 等字最简单而合理之排法如：

Maar

Mable

Mac Bride

Madden

McAneny

McWilliam

Mellon

Merrill

(27)凡同名之地，依其所属之城市之字顺排；城市同名者，依省名字顺排。

正当之排列：

Western Foundry Co. , Birminghan, Ala.

Western Foundry Co. , Connellsville, Pa.

Western Foundry Co. , Newark, N. Y.

Western Foundry Co. , Newark, Ohio

(28)凡写本城、本县等地域名称者，应照其所指之城或县等地域名称排。

原名	题名
National City Co.	National City Co.
City	New York, N. Y.
W. K. Emeson	Emeson, W. K.
City	Boston, Mass.

(29)凡银行(商店、学校)等名之前冠以“第一”、“第二”、“国立”等字者，应于其前以其所在地之名以分别之，而后加以省名(括弧内)。名称前有地名者，地名不重写。已有地名者不再加。

所题	著录
First National Bank of Boston	Boston: First National Bank of (Mass.)
Citizens National Bank of Baltimore	Baltimore: Citizens National Bank of (Md.)
New York Trust Co.	New York Trust Company(N. Y.)

(30)凡关于某名、某事之来往关系等件，悉排于某名或某事之下。

(31)凡所论及不止一名一事者，著录于重要名事者之下，而另作参照。

(32)有数事项文件，可只依事项之名称排列而不必顾及其关系之人，亦不必作参照，如 Applications、Stockholders 等事项。

所题	著录
Thomson Wilson—Application for Position as Chauffeurs	Application Chauffeurs

(33)凡本机关内各部互相往来之文件，原件排列于乙部而标题

为甲部，底稿排列于甲部而标题为乙部。其排法如下：

甲部　函　乙部

4.6 移 档 法

移档者，将过时或不常应用之文件，移置于另一地方储藏之，以节省地位、设备及人工者是也。移档之法普通可分为二种：一曰按时法（Periodic Transfer Method），二曰永久法（Perpetual Transfer Method）。

按时法即按照一定之时期，一年一次或二次或其他，自现档橱中移去过时或不常用之文件也。按时法之施行，有三种不同之形式：一期法（One Period）、二期法（Two Period）、限期法（Maximum-Minimum Period）。

一期法者，即将所有各现档，按照规定之时间如每年一次或二次，一起完全移并置于旧档之中，而新档重新起始。此种移法手续固甚简洁，但在甫移后之一时期中，其随时参用旧档之时，实与现档无异。

二期法者，若用四抽斗之柜，则上二斗储现档，下二斗储上期所移之档，按照一定之时期，如一年一次或二次，将下斗档移于老档储藏处，将现档自上二斗移于下二斗，而上二斗则新档重新起始。此法又有呼之为双储法或重移法或轮移法者（Double Capacity or Multiple Transfer or Cycle Method），此法将最近要用之两期档案合置一处，但分放之而已。若现档太多，下二斗之档亦可暂移木架上。

限期法，于排放文件之时即规定此件在档中应占若干长久之时间，最大与最小之时间。移档之时，即视此时间之到否以为去留。例如每六月移档一次，则文件最大限者譬如为十八月，最小限者为一年，则第一次均不移，第二次只剩十八月者，第三次十八月者即该移去矣。移去之档，可照老档依类加入之。①

---

① 移档之后有空套者应取出；移档之法不能柜封等装满之故而移，如此将使有用之档被移去也。

永久法者，审定某件已过时或不用者而移去之。此法最是合理，然须逐件加以适当之审定，实为不易。暂觉不用而实甚有用者，亦未可知。此法可行之于有时间性之文件，如司法案件、条约、统计等。

移档中之导片与封套：依所用排档之法之不同而导片与封套之加添移置而不一。若为二期法，则须备两套导片与杂件封套，为第一移档之用。若用混合字顺法者，则杂档封套可作导片，在此情形之下，不必移杂档封套于导片地位，即各封套之前。若用数次法者，导片可不必移走。因各封套均有数目，可为指引，不再须导片。若用字数色混合法者，则第一导片要移，而第二杂档封套可留作第二导片之用。

档件在未移前有数事项，即应将档内各件排列无误，导指无误，何者移交须另加封套者。若先将应用之封套作出，则移档时可以节省时间。文件之确实过时无用可弃去之，惟须经上级之批准。其他一切用具亦应先期预备。移档之箱可用单箱式者，以便移时可以随时置放也。

4.7 借 档 法

4.7.1 借用法

借用法(change method)，凡一档件被人借用，有数事项注明者：名称或题目、数目、档件之时期，借者之姓名、借出之日期、应还之日期等。至于借出卡片，有数式可用：

(1)借出导(out guide)

A. 附条者(with requisition slip)

B. 印格者(accumulative)

(2)代替片(substitution card)

A. 附条者(with requisition slip)

B. 印格者(accumulative)

(3)借出套(out folder)

借出导中之A、B两式均有用者。附条导片，系于原纸导片上之装有插片处，插入借条。借条之大小为5”×3”。此法凡全套之件均借入或借出者，不亲自到档件处而于其自己之办公处签此借条，于来者均甚便利。此类借出导片甚多之时，应排于每抽斗之最前或最后，以便检查。用此法若只为借某封套中之一二少件者，则不若代替片之佳。其式如图4-4所示：

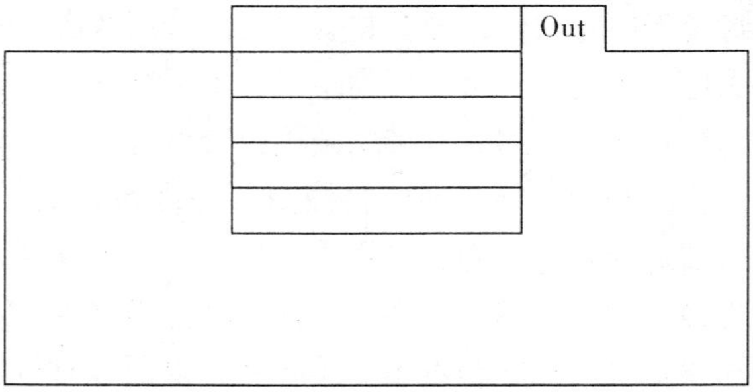

图4-4 印格导片示意图

印格导片，于导片之上画若干格，注明档件名称、借者、日期、号码等，有人借出，则书于上，还来即消去。其大小与封套等，上有突舌，书“借出”(out)二字。此法对于借出全套或零件均便。若必借出，签字负责者则以有借条者较佳。

(1)代替片

代替片之大小与封套等，极右上有突舌，书“借出”二字。凡某文件借出而以此片置于该文件之地位以替代之，使人一清而知此文件已借出。其形式亦有两种，附借条者与附印格者。附借条则将借条粘于或插于代替之上，附印格者与前所述印格导片同。

(2)借出套

有不用借出导而用借出套者，其利为当某全套文件连套借出时，若有新文件来，可暂置于借出套中。此借出套上端突舌上亦有“借出”二字，内亦如借出导印格者然，印有借格以备用。

(3)护档套(transportation or courier folder)

凡全套出借者，原封套宜仍存箱柜中，其中置借导或代片，而将档件另置于一直边之护档套中，此套可用特色之颜色以为别。上书“还置档中”(return to files)。如此则可保持原档，不致受损，同时此档件虽借出，另有新档来亦有原封套以纳之。此种护套可随时继续应用，直至其用坏方止。凡档件还来之后，管理者须立将借条或代片等取消。

4.7.2 档之转借

档之转借(transfer of changed master to another person)为档件之急速使用，有档件从甲手移转于乙手而不经还于档案处者。为此之手续不一。普通之法，系某一文件，乙不待甲还至档案处，即从甲处借去，此时甲应填就一转借之片，放于一定处待收，或遣人送至档案室。管理者即可将借档者由甲转乙，但妥留转借之片以为证据。

4.8 地方档案之保存

(1)地方档案之意义

凡地方政府各机关日常活动往来之文件(书籍、地图)如 office correspondence, letter books, report, minute books, wills, marriage records, vital statistics, deed books, office oath & bounds, vouchers, assement rolls, tax bill, court records, election returns, militia bits, records of States，均为地方档案。惟官吏之纯粹私人函件不在其内。地方档案分现行(current)档案和非现行(non-current)档案。

(2)地方档案之现状

地方档案最关重要者，以其乃确为人民实际生活之写照也。然而其不被人注意也最盛。昔日之章学诚、近代之徐炳昶皆因为此提倡保护。吾国省县皆有管卷宗者，而其卷宗之处亦有出人意料之外者，惜管理不善，保护不周，不防水、不防火，往往随水、火、兵、燹、盗、买、虫、鼠而多数以毁。① 或久假不归，或储地忘记，或交代之

① 修志局，惜真能利用档案者少耳。

时以为私人文件而移去，或以老档无用而举以送人，或出买，或用以糊垫桌屉者亦有之矣。欲其长存，第一须有国家明令以保护，第二须有善长之管理使官吏及大家得以随时利用，固乃知其重要而加以重视也。

(3)地方档案之重要

其一，行政事务上之功用；其二，历史上之价值；其三，社会之情状，人民之生活史，欲重筑过去必要之物也。①

(4)保存地方档案之问题

宜善为保存而尽量分开利用，有价值者宜印行，各机关宜有专款以维持此事。若管理得宜，宜将地方档案之非现行者；较宽泛者集中于省档局作单。地方档案之保存，一宜置于安全之地，毋使其散佚毁灭；二须使其得尽量利用。现行档及重要档应置于避火之地。

每部每科之档应使其在一起以便应用；应用卷宗封套储存或装订成册。坏者补之，不能再保存者重抄之或影印之，裱之装之；应用好纸好墨以为公文档案；国家应有法令令重视善管之，不准毁，不准买，要随时派员查看。

国家对于地方档案之法令，应注意以下各事：

档案之范围何指，档案室之设备，上级机关之监督与奖惩；要用好纸好墨行文；要避水火虫鼠而保安全；要排列使用，要保管得宜；前任官吏须安收档案交与后任官吏；凡官档被私人攫去应尽量谋回；不能私行摧毁档案；顺注意移档与上级机关集中管理之办法。

4.9 档案修补规则

(1)通则

登记(按时间)

① Local Ar. composes "any written or printed books, paper, map or plan" in the catalog of local offices.

检查一过
封面
标签
叶号
老字(留着)
老封(留着)
老纸或皮(留着)
新针宜钉老孔
针夹等宜改钉
封套(检)
印(特别者宜报告记下)
修补者之记录
镶褙
(2)装订与修褙
开盒形状
修补
封版宜稍宽
钉线(或紧旧线，或缘旧孔用新线)
旧封面(不能用者可褙于新封面内)
尾纸(留着)
计数
(3)印记
附带之印
盖上之印
(4)标笺与参考
标笺之贴法
书籍
排档(file)(打或写)
卷子(缝上)
盒柜(粘上)

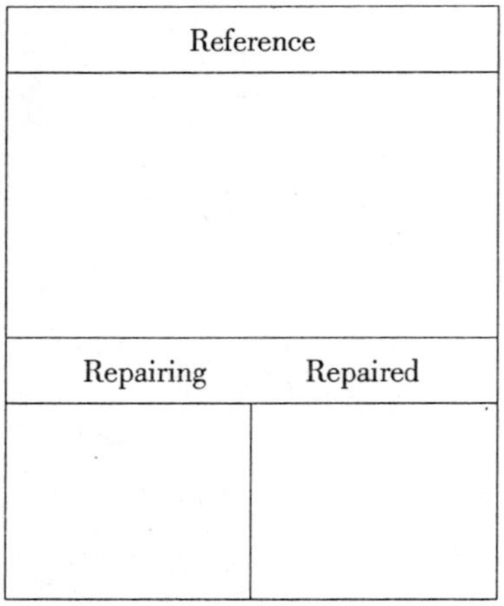

图 4-5　标准标笺

包捆(印上)

参考记号

①档群

②档类

③档号

前二用红，第三用黑

①前二贴在上，红

②后一贴在下，黑

(5)盖印(stamping)

办事室印用黑(于背或边)

登记号(此位登记)

叶号(蓝色)

粘附钉叶号数

变更号数

修补日期

参考归类(不必在档案本身)

借出之档案之记号

4.10 移录档案文字之法则①

此法则(rules for transcribing documents)乃作者往年为一私家印刷会社(The Survey Record Society)所草订者。现不过于举例方面略有改定而已。然B部本文各条文，对于印各时代各种文字之档案均可应用(all printings of archives of whatever date and in whatever language)。原则如此，记号形式(formal signs)可以随人改变，只需最初用之时，加以明白之说明可也。据数年之经验，其中之改变可得而言者，无非多用脚注(more in footnotes)，少用子注(即插说明于文本之中，而加以方括弧)(less within brackets in the text)。盖子注易使读者阅读时不贯气也(to annoy and interrupt the readers)。

再移录时，除A字第一条所述而外，当全依原文，所用符号以愈少而最能恰合表出原文原意者为佳。移录者个人之意见(intrusion)，除可述之于导言或注释中者外，以能尽量免去为佳。若非另有规定，此规则可同施之于Latin，French或English所写成之档案。

4.10.1 字号及缩写

(1)凡缩写字，其意义无疑义时，可将全字写出(to be extended)。

(2)凡缩写有些许疑义者，仍全字写出，加“'”，如pcett = parcell'，此对于拉丁文之人名及地名(surname and place name)最需。如此，早年代之英文文档之某种字之字尾亦然。

(3)其处似应大写而小写者，大写录之。拉丁文中y音前为记之t字而用c字者，记e而代表合音。a、e者以及i、j、u、v、y字母应照原样移录之。

(4)原文有勾选者应绝对照移之，无有者决不可妄加。

---

① 附录六。

(5)段落及其他记号，原文中故意加上作成者，应照录之。

(6)数目字不论大小写之 Roman 体或 Arabic 体均精确照录之。如中文之大写体如壹、贰、叁，小写体一、二、三，俗写体〡、〢、〣、〤、〥，拼写体如〣千、十二、〥〢以及一三〇八等亦然。

移录之法最要在能分别何者为本文之语，何者为编录者之语。其法有二：一曰以罗马体及意大利体别之，二曰以正文及子注(放在方括号内或双行夹注)别之。

4.10.2 原文

(1)原文中古体字应以普通罗马字体抄之。

(2)脱文落句者，录者可以加入，但须以方括弧括之，如 Ge[orge] Washington，张[之]洞，但原文错误者不然，请看下文第 6 条所述。

(3)脱文落字，不易添入者，用“·”以代之，点放入方括弧，点数最好与脱落之字相等，若多数字句或数行脱落者则不可用点，而于方括弧内注“一行不能识”或“一行已撕脱”或“住址脱落”等语。

(4)若原文中本有错误，而原写者改正者，应照第 1 条之规定录之。

(5)原文中文字若有经原写者变更者，应于变更处后加方括弧并注明之，或于脚注内说明之。原写者之变更文字，约有以下之情形：

A. 以笔画去一符号、一字母或一单字(delete a sign, letter, or word by striking it through)

The King [Queen struck through] desires

B. 涂去不要之字，于其下打数点或下画线以为识(delete by expunged placing a dot or a lineunderneath)

The King [Queen expunged] desires

C. 擦去不要之字(delete by eraseing scraping out)

The King [Queen erased] desires

D. 增添文字于行间、天头、边白等地 (insert a word & c. above

the line, in the margin, and so forth)

The Chief Magistrate wishes

E. 另写字于原经写就之字上(write a fresh word & c. over what he first wrote)

President Wilson' desires

以上种种情形，应以如下之法表示：原文内之字用罗马字体(Roman)来书写，其余注语用斜体字(Italics)书写。

①王(*原作后，画去*)，欲……

②王(*原作后，涂去*)，欲……

③王(*原作后，擦去*)，欲……

④省县(注1)县长欲……

⑤大总统威尔逊(注2)欲……

(注1)*省县二字系添于行间(chief inserted above line)*。

(注2)*威尔逊三字系书于擦过之字上者(系挖补者)(Wilson written over erased)*。

(6)原文误脱，而往抄者或编者加入订正之符号及说明之语句(如"原文如是"或"?")。应全用斜体表示于方括弧内。

(7)原本不止一本者，以一本为主，他本文字有不同者，于脚注中说明可也。

4.10.3 例外情形

(1)注太长者宜是为脚注。

(2)其他各项应加以说明之事，此规则未论及者，概用脚注注之。如：

①此处明系空格，games 系后来填入者；

②从此点起书写字体改变，与前不同。

(3)凡重见迭出之事，如一英国档案中之无意义之缩写字，编者所架空某种字之缩写字而常见者，或某同之一字，叠见而形式改变者，可用以总注互或通注(general note)注明，不必前后常注。

(4)编者可以改原来行格版叶，以省篇幅。原文中之边注，可入印本正文中，但须以脚注注明之。如图 4-6 Exchequer of Receipt 所示：

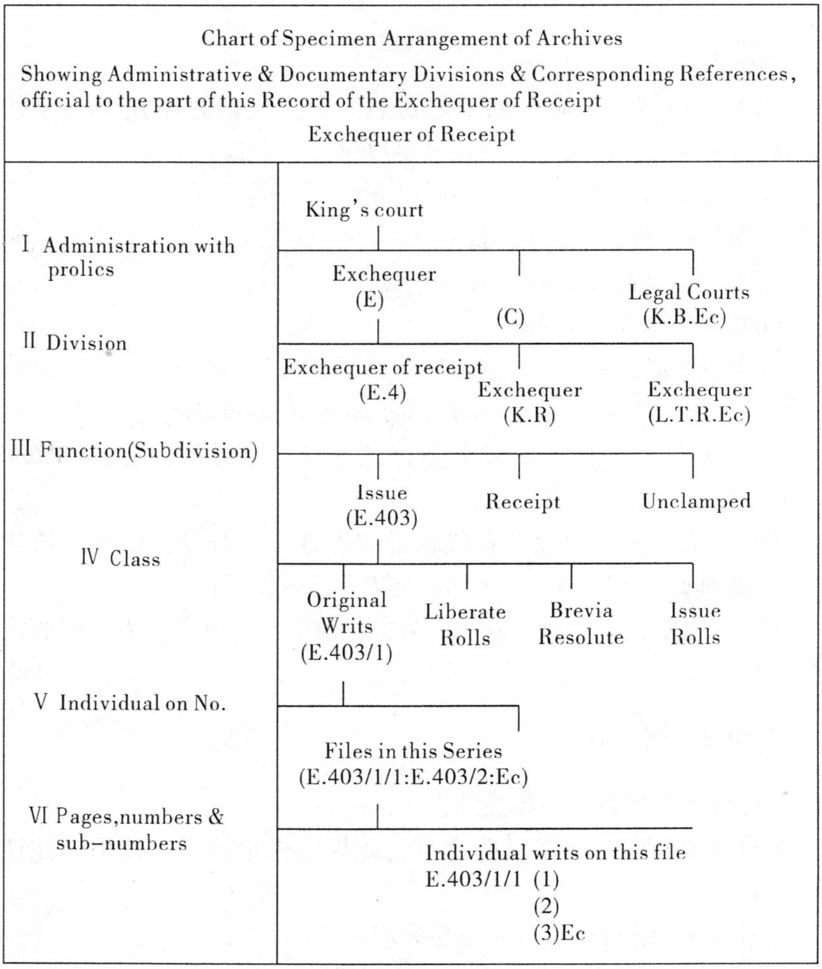

图 4-6 Exchequer of Receipt

附录　要籍摘录

《公文程式概要目次》

许静芝，张占鼇，刘毅夫讲述，国民政府文官处职员补习教育汇刊。

第一章　通论

第一节　释义

(第)二节　特质

(第)三(节)　效用

(第)四(节)　沿革

(第)五(节)　程式

第二章 体例

第一节　下行文：一、令，二、训令，三、指令，四、批，五、布告，六、任命状

第二节　下行文：呈

第三节　平行文：一、咨，二、公函，

第四节　杂体文：一、电及代电，二、宣言，三、议决书，四、护照，五、笺函，六、笺呈

第三章　结构

第一节　正文：一、依据，二、引申，三、归结

第二节　附言：一、除外，二、补述，三、附件

第四章　撰拟

第一节　手续：一、依法，二、遵批，三、查案，四、审例，五、守密，六、细校，七、勤办

第二节　法度：第一目，属于说理者，一、主从，二、正反，

三、分际，四、词气；第二目，属于叙事者，一、引叙，二、自叙

第三节　摘由：一、来文摘由，二、去文摘由

第五章　用语

第一节　属于术语者：一、起首语，二、关界语，三、申述语，四、回顾语，五、替代语，六、结束语，七、后用语，八、附带语，九、煞尾语

第二节　属于成语者：一、请示语及商榷语，二、准许语，三、驳斥语，四、期待语，五、候复语，六、警戒语，七、训勉语，八、申斥语，九、目的语，十、过□语，十一、补助语，十二、称谓语

第三节　属于约语者

第六章　标点及行款

第一节　标点

第二节　行款

《校雠通义》

《校雠通义》(章学诚)外篇《州县请立志科议》有云：

故州县之志，不可取办于一时，平日当于诸典吏中，特立志科，佥典吏之稍明于文法者，以充其选；而且立为成法，俾如法以纪载，略如案牍之有公式焉，则无妄作聪明之弊矣。积数十年之久，则访能文学而通史裁者，笔削以为成书，所谓待其人而后行也。如是又积而又修之，于事不劳，而功效已为文史之儒所不能及，所谓政法，亦存三代文章之遗制也。

然则立为成法将奈何？六科案牍，约取大略，而录藏其副可也。官长师儒，去官之日，取其平日行事善恶有实据者，录其始末可也。所属之中，家修其谱，人撰其传志状述，必呈其副。学校师儒，采取公论，核正而藏于志科可也。所属人士，或有经史撰著，诗辞文笔，论定成编，必呈其副，藏于志科，兼录部目可也。衙廨、城池、学庙、祠宇、堤堰、桥梁，有所修建，必告于科，而呈其端委可也。铭

金刻石，纪事摘辞，必摩其本而藏之于科可也。宾兴乡饮，读法讲书，凡有举行，必书一时官秩及诸名姓，录其所闻所见可也。置藏室焉，水火不可得而侵也；置锁椟焉，分科别类，岁月有时，封志以藏，无故不得而私启也。仿乡塾义学之意，四邻各设采访一人，遴绅士之公立符人望者为之，俾搜遗文逸事，以时呈纳可也。学校师儒，慎选老成，凡有呈纳，相与持公核实可也。

《商业事务常识》

万有文库中有《商业事务常识》一书，李培恩著，其中第五章为档案制度，除以上数语略有可记之价值外，余无可取。

如档案处理不当，则寻觅费时，易于误置。

理想之档案制度应具正确、简单、经济、伸缩性四特质。正确一项须注意重行归档之正确。经济项具地位经济、时间经济、工作经济三特质。

档案部之任务：承受档案，整理档案，供应档案，检点档案。

《说史料》

梁任公《中国历史研究法》第四章《说史料》论档案云：

历代官署档案，汗牛充栋，其有关史迹者，千百中仅一二，而此一二或竟为他处所绝不能得。档案性质本极可厌，在平时固已束诸高阁，听其蠹朽。每经丧乱，辄荡无复存。旧史纪、志两门，取材什九出档案。档案被采取入者，则附其书以传；其被摈汰者，则永永消灭。而去取得当与否，则视乎其人之史识，其极贵重之史料，被史家轻轻一抹而宣告死刑以终古者，殆不知凡几也。二千年间史料之罹此冤酷者，计复何限。往者不可追矣，其现存者之运命，亦危若朝露。吾三十年前在京师，曾从先辈借观总理衙门旧档钞本千余册，其中关于鸦片战役者便四五十册，他案称是。虽中多极可笑之语，然一部分之事实含在焉，不可诬也。其中尤有清康熙间与俄、法往复文件甚多，其时法之元首则路易十四，俄之元首则大彼得也，试思此等文件在史料上之价值当居何等？今外交部是否尚有全案，此钞本尚能否存在，而将来所谓“清史”者，能否传其要领于百一，举在不可知之数。此可见档案之当设法简择保存，所关如是其重也。

《县政府档案》

程长源《县政府档案》第二十章中论整理的方法及步骤：

(1)拟定计划

(2)集中旧档案

(3)新法未成留用旧法

(4)观察旧法

(5)估计经费

(6)工作支配

(7)整理方法　(a)按原序搬出改编；(b)分科定期完成；(c)新档依新法编；有旧案者将旧案取出改成新法

(8)不做死工作

(9)随时讨论改进方法

(10)参观及阅文

何曾成《旧卷整理方法》：(1)人员；(2)经费；(3)步骤。

《分类法概论》

塞叶斯氏之《分类法概论》中论档案之管理(372—378 节)：

372　金根生氏于其档案管理法中论各种通行之法云：档案依其形式与种类之不同而可或用箱藏或用封袋。要须清洁与良好之空气，而良好之空气尤为重要。在官档局“羊皮纸档”(parchment deeds)乃散置于坚韧方形之封套中，而记以号数。另制一箱，共积累较封形略大，以储之，如卡片然。用以活盖以覆之。若档件形制大小不一，则仍用此制之箱为盖可固定于箱上。最好箱盖此端掀起，彼端即行落下，而档件即呈于眼帘，不必取箱离架。惟箱架间彼此空实之处，须力求经济而合用耳。箱之材料可以坚良之厚纸而裱以布装订可也。

373　此外，余所见流行之方法，系将同类或相关事件之档捆为一束而储记号之箱中。寻查此档者，可查箱中之目录以得之。此法不过聊甚于无耳。

374① 至于官档局所用之方法，根本乃一“立排法”。此于箱架法相较，不过变箱架为柜子与抽屉，其效果无异而装制与地位略较经济。此法余曾试验，余所用之方法尚未经大量之采用，即将档件散放于同式大小之马尼拉纸封中，然后将此项纸封依次立排之。自有贵重易脆之物不便混置者，则视其情形以蜡固封而另置之，或另置布袋中。

375 档案之排置，金根生氏曰“最基本正确之排置法乃依其档案之来源”。故英国官档局之档案公司法档及国事档、司法档，又分高等法院档及度支部院档，此类较古之档案较之海军、内政等部之档则又各以部分。

376 每能独立之部之档案，即以个别独立为原则，其不复分小类。如附录图1所示：

附录图1　个别独立原则举例

① Vertical file.

377　全国档案与地方档案不同，全国档案以国史为依归，地方档案以地方史为依归。

378　地方档案立案有四要素：(1)地形分的；(2)类题分的；(3)年代分的；(4)人事分的。如：江西省—田赋—乾隆朝—田氏杭赋案。①

《保存例案议》

徐炳昶《保存例案议》(见《北京大学社会科学季刊》第二卷第三号)有云：

例案也叫作案卷，凡各衙门所藏的册籍诉讼稿件，往来的公文全包括在里面。

如果历史家真晓得搜集它，批评它，利用它，它那里面材料的丰富，纪录的翔实，远不是什么奏议、什么档案、什么红本所能比拟。他并举出四种重要之关系：第一与文字史的关系；第二与器物史的关系；第三与风俗史的关系；第四与经济史的关系。并云实在例案就是人民生活的反射，并且是比较一种忠实的反射。如果专修庙堂史，则档案中之史料好，欲求民间情况则例案好。

其保存的方法：(1)宣传，由私人作文章或由研究历史的团体如史学会、整理档案会发表宣言或由各团体呈请教育部，请其令知各机关此后不得加以损坏；(2)收归图书馆；(3)编目；(4)研究。(后三种未说方法)

《民众教育之理论与实际》

邰爽秋等合编之《民众教育之理论与实际》第二册(C/379.2/T.149)第1185面载曰：

关于古物之法令有：(1)《古物保存法》第十四条；(2)《古物保存法实施细则》第十九条；(3)《名胜古迹古物保存条例》第十一条。均载商务②《国民政府现行法规》中。另有《暂定古物之范围及种类大

① 此处举例似为作者所加。编者注。

② 商务印书馆。

纲》若干则，系行政院第二一六次会议通过教育部第八四三五号训令转发(二四年六月二〇)。

《整理档案室报告》

见《广东语言旬刊》第六辑第七十一期、第九十三期。

关于编纂之器物保管法有：

(1)编年序列法

(2)字母分类法

(3)地区分类法

(4)体裁或形式分类法

《美国图书馆协会官书委员会 667 之工作》

Bulletins of A. L. A. vol. 29, no. 9 1935, September

(1) New deal publications

(2) Acquisition of publications of foreign government

……

其困难为不易存。

(1) Adqquats check lists of what has been or is being published have been available for only a few countries

(2) Many governments have shifted from a gift to of sale basis distribution

(3) The lack of information as to responsible agencies or dealers from which these publications can be obtained from certain foreign countries

(4) High cost of transportation and custom clear use

……

③Organization of document work in libraries

④Films and preservation of source material

⑤Public doc. courses

《北平档案保管处组织规则》

十八年八月十五日农矿部亦有该部《北平档案保管处组织规则》八条。

据十七年所公布之《故宫博物院组织法》，故宫博物院内分五二处，三馆。馆中有文献馆，文献馆之职掌大抵皆关于档案之事。如：

一、关于档案及清代历史物品之编目事项

二、关于档案及清代历史物品之陈列事项

三、关于档案及清代历史物品之储藏事项

四、关于档案及清代历史物品之展览事项

五、关于清代史料之编印事项

故宫博物院之档案据其报告有：

档册中有如乾清宫、实录大库、皇史宬之清代历朝实录、圣训、起居注。暨南三所硃批谕旨，留中奏折，题本，宗人府玉牒，内务府档案，及军机处档案等约千余架舆图、画像及册宝各千余件，明代玉册犹有存焉。

教育部修正《鉴定禁运古籍须知》云，官署档案定为禁止运出国之物之一。

《上海市博物馆征集陈列品办法》

征集物品范围暂定二部十七类：

(A)历史部：

(甲)产业类　(1)渔；(2)盐；(3)棉；(4)其他

(乙)交通　(1)固有交通器具；(2)近代交通器具

(丙)建筑类　(1)各种房屋、桥梁、园林等；(2)建筑材料

(丁)计算器具类　(1)度量衡(算盘附)；(2)计时器

(戊)货币类(营业票据附)

(己)宗教类　(1)佛教；(2)基督教；(3)回教；(4)道教；(5)其他

(庚)礼俗类　(1)习俗；(2)生活；(3)迷信

(辛)教育类　(1)科举时代之书院及义塾等；(2)近代之学校教

育；(3)近代之社会教育

(壬)学艺类 (1)图书；(2)实物(文房用品及版片等)

(癸)文献类 (1)各种史迹或实物；(2)图像及金石拓片；(3)官厅档案及各业行规

(B)艺术部(考古学附)

(甲)书画之类

(乙)摄影类

(丙)雕塑类

(丁)音乐类

(戊)戏剧类

(己)美术工艺类 (1)陶瓷；(2)珐琅玻璃及烧料；(3)镶嵌品；(4)盆景；(5)漆器；(6)金属细工；(7)玉石、竹木、草骨、角牙、皮革、纸等细工；(8)顾绣、缂丝及其他编织品；(9)其他

(庚)考古学类

(一)先史时代(1)化石；(2)石器

(二)历史时代(1)甲骨(贝牙品附)；(2)玉器(石器附)；(3)铜器；(4)铁器；(5)石刻；(6)陶瓷器(琉璃附)；(7)竹木器；(8)漆器；(9)绘书；(10)雕塑；(11)典籍；(12)建筑及墓制模型摄影及报告书；(13)整个发掘系统出土品及摄影、报告书；(14)其他(布帛丝织品)

《刑法》十九条

《刑法》十九条："称公文书者，谓公务员职务上制作之文书。"

政府出版期刊，其管理应与其他书籍或其他非政府机关之期刊一律待遇。无论排放、分类、编目，均然。唯其卡片可略为详注耳，不必另置一处。

《修正北平档案保管处章程》

《修正北平档案保管处章程》(十七年八月二十五日内政部公布)

第一条 前内政部所有图书馆用品及建筑物之不属于他处者，其

保管事项须由档案保管处掌管之

第二条　档案保管处设职员如左：

一、处长一人，由部长派充

二、处员二人至四人，由处长呈请派充

第三条　处长综理全处事务并监督所属职员

第四条　处员秉呈处长分掌左列各事：

一、关于文卷图书之编查事项

二、关于物品之整理保存事项

三、关于收发文件，撰拟文电事项

四、关于本处会计事项

第五条　档案保管处缮写事宜由处长酌用书记四人至六人

第六条　档案保管处须酌用丁役若干人

第七条　档案保管处办事细则由处长拟订，呈候核准施行

第八条　本章程自公布之日施行，本年七月公布之《档案保管处暂行办法》废止之。

《整理内阁档案》

国立中央研究院历史语言研究所十八年度报告中有“整理内阁档案”条，云：

内阁档案原为清代内阁大库所藏。清内阁在雍乾以前为国家庶政所自出之地，在雍乾以后犹为制诰典册之府，所存档案皆当日购成史迹者自身之叙述。又清初纂修《明史》及《三朝实录》①，搜集启祯两代案卷。沈阳陪都旧档，并为内阁所掌。清宣统元年大库室坏，此项档由内阁移交学部。民国二年教育部设历史博物馆，即将此项档案移入。十年历史博物馆因经费短绌，遂将此项档案大部分较破碎者售出，辗转为寄居天津之李木斋氏购。本所成立之初，即思利用可逢着之原史料为研究对象，而此项档案(即原史料)在史学上极为珍贵，若不及时设法整理保存，随时均有湮灭散逸之患。十七年十二月由北

① 清太祖、太宗、世祖三朝。

京大学教授马叔平氏介绍，开始与李氏接洽购回，旋议定以一万八千元为代价。盖即李原付价及历年为此所付之迁移房租等费。其时本所远在广州，对于钜量档案之处置尚未计及。及十八年五月，本所由广州迁至北平，始预备接收李氏所藏北平、天津两处之档案，并勘得历史博物馆午门西翼楼为堆存整理之所。七月由教育部将该馆拨给本院，委托本所管理；八、九两月经编辑员徐中舒率同书记尹焕章将平津两处档案陆续运存午门楼上，同时并修理午门东西廊房，购置用具，为整理之预备。九月底由研究员傅斯年，编辑员徐中舒并招雇书记六人、工人十九人为初步整理，每日工作之程序：

（一）去灰。内阁档案积存约三百年，积尘甚厚，工人为此项工作须戴特制之眼镜与口袋。

（二）铺平。本所档案大半与字纸篓中之字纸无异，逐件铺平，费时最多。

（三）分类。揭帖之类按时代分别庋置：（1）明档；（2）清初旧档；（3）顺治档；（4）康熙档；（5）雍正档；（6）乾隆档；（7）嘉庆以下至光绪档。

题本移会之类按性质分别庋置：（1）各项题奏随揭帖之类按时代分置；（2）三法司案卷；（3）移会。

各项杂档按形式分别庋置：（1）誊黄；（2）贺表；（3）各项簿册；（4）残本书叶；（5）其他。

（四）捆扎。分类之后用麻绳捆扎，分别堆存。

（五）理碎。凡破碎档案（片纸只字、全无连贯），整理不能，弃置不可，暂时仍理出，装入麻袋。

（六）装潢。破碎及不整齐之档案即付裱褙，以便保存。

（七）钞副。择重要案卷钞成副本，以便编纂付印。

因档案与北京大学研究所、国学门及故宫博物院所存者，其整理工作难易相差甚远。大概北京大学所存者，皆内阁档案中较整齐之案件；故宫博物院所存军机处档案，不但整齐，且有目录可检。而此项档案数量既钜，约十二万余斤，由历史博物馆售出时即已破碎，及辗转迁移之后，更加零乱不堪。（下略）

本所所购内阁档案，其中最可宝贵者为清人未入关前之沈阳旧档。现在整理初步工作即将完毕，第二步工作开始，一方面须将此项档案编号，分类，上架；另一方面更须搜集与此旧国新朝有关之史料，勒为长编。

仝上十九年报告云：

查此项档案乃十余万斤之破烂字纸，整理工作至为繁重。其去灰、铺平、补缀、拣碎、捆扎等等手续，即费工作之全部时间，间亦略事分类，但于编号上架之工作仍相去甚远，故此类档案欲其供可史家之用，实有待于第二步之分类整理工作。……分类之手续在初步整理时关于外形方面如誊黄、揭帖、题本、报销册、书叶等已分别庋置。此次全以朝代为单位，即以每朝之档案同置一处。即顺治时代庋于顺治架上，康熙时代置于康熙架上，余皆同此。此为初步分类工作。俟此项工作完备时，再按朝代分排年月，即每一档件须在朝代分别，然后再分排年月，即每一档件之整理必须经过两次手续。而编号、摘由等事，更须俟此两步手续完备时行之。

研究员徐中舒有《内阁档案之由来及其整理》一文。

《中央研究院语言研究所训政时期工作表》

《中央研究院语言研究所训政时期工作表》(见十七年报告)中有“整理明清档案”一条，其所预备时间为自十八年至廿三年，共六年。

十八年报告。本院“概况”中有云：购得明清内阁关于大库档案六千麻袋，逐一整理，发现有裨史料之重要文件甚多，已陆续印成《明清史料》，《史料丛书》五种。

其同年报告，历史语言研究所部分之报告有云：整理明清内阁大库档案多为本组之集众工作，自九月末开始工作以来，已经初步整理之档案约占全数之十之八，其余再须两月即可藏事。

湖广总督陈夔龙奏(节略)

公文档案纸张格式之规定于管理档案者，为使甚大从前各省官印刷局及中央印铸局皆因此而设，兹将余湖北官印刷局开办时。宣统元年，湖广总督陈夔龙奏(节略)(抄自《湖北通卷》第 5413 页)以见一斑。

窃维中国法律首严作伪一门，而自来作伪之作用尤以书契文字为最。其弊，由于程式之无定与夫版权之不专故。印刷一端虽营业性质，而程式杂则稽核无凭，版权纷则范围无术。其有关于政治者甚大，不独经营余利为筹款计也。前有度支部有鉴于此，业经参考东西各国办法，奏设中央印刷局，其后各直省如广东、江南、河南、江西亦经先后开办。鄂省轮轨交通五方，辐辏一切，公私文牍流行日广，尤非将印刷事务改归官办不为功……所有印刷纸品分官用民用两种。官用品如粮串票、三联契纸、税捐票。凡由官发行之纸，即由局查照，向章酌定价值，通行各属局领用。民用品中之状纸买卖、契纸，亦由局定价，饬各属一概行用局纸，不准掺杂。其婚帖、当票、借券、合同、股票及允商业通用之品，则由局妥定格式，陆续举办。如商民情愿领用，即按照工本费计值发给，创行之始，但求潮开风气，不遽强以所难……官办刷印诚为今日要图。此次鄂局成立，外握一省之机关，而内即助中央之规画。先顺民情之习惯，后终归法律之范围，实于新政前途隐有裨助。

民国政府行政院相关议题①

廿三年春，国民政府有重设国史馆之议，行政院曾建议两项：(一)已可公开之档案，委托学术机关整理，并搜索史料；(二)未到公开时期而不专属任何机关或现某机关而堆积不用之档案，设国立档案库，直隶于行政院，分类庋藏。五月，行政院又议决办法四项，呈奉令准通饬照办，其第三项为“中央及地方政府暨其附属机关并公共团体所有档案卷宗均应某年登记一次，呈报上级机关，转送国立档案库存查”。②

① 标题为编者加。

② 原注：“廿八年一月五中全会通过设立中央档案库于敦煌　张继 提直属于国民政府”。1939 年 1 月，中国国民党五届五中全会再次通过张继等人提出的建立档案库、筹建国史馆的提案，编者注。